KB157186

팀이
천재를
이긴다

TEAM GENIUS by Rich Karlgaard and Michael S. Malone.
Copyright © 2015 by Rich Karlgaard and Michael S. Malone. All rights reserved.

This Korean edition was published by TiumBooks in 2017 by arrangement with
Richard Karlgaard and Michael S. Malone c/o Levine Greenberg Rostan Literary
Agency, New York, NY through KCC(Korea Copyright Center Inc.), Seoul.

이 책은 (주)한국저작권센터(KCC)를 통한 저작권자와의 독점계약으로
틔움출판에서 출간되었습니다. 저작권법에 의해 한국 내에서 보호를 받는
저작물이므로 무단전재와 복제를 금합니다.

Team
Genius

팀이
천재를
이긴다

1+1을 10으로 만드는 팀의 힘

리치 칼가아드, 마이클 말론 지음 | 김성남, 오유리 옮김

틔움

CONTENTS

Team
Genius

Team
Genius

팀의힘

강한 조직에는 완벽한 팀이 있다. 성공에 이르거나 판세를 뒤바 꿀 만한 중추적 역할을 하는 팀은 어떻게 만들어지는가? 팀을 차별 화하는 데 필요한 요소는 무엇인가? 팀을 성공으로 이끄는 알고리 즘은 존재하는가? 팀 활동으로 쌓인 지식과 역량을 어떻게 다른 기 업, 산업, 문화, 세대에 적용할 것인가?

필자들은 실리콘밸리와 글로벌 기업에서 다년간 일하며 창업주 로서 혹은 기업 임원으로서 팀의 성공 혹은 실패 요인을 직접 목격 했다. 또한 '팀의 천재성Team Genius' 뒤에 감춰진 비밀을 파헤치기 위해 인류학, 사회학, 신경과학, 인지과학 등의 분야에서 다양한 사 례를 찾아냈다.

최근 일어나고 있는 빠른 기술 발전, 글로벌 경제의 역동성, 인구 구조의 변화 등은 완벽한 팀을 만들고 운영하는 데 있어 큰 장애가

되고 있다. '평범한 팀'은 더 이상 설 곳이 없는 시대다.

우선 몇 가지 짚고 넘어가자. 이 책에서 말하는 팀은 기업 조직도나 웹사이트 기업 소개 부문에 언급된 '공식 조직'만을 의미하지 않는다. 팀의 천재성이란 업무가 실제로 진행되는 곳에서 일어난다. 스타트업, 대기업, 스포츠, 예술, 엔터테인먼트 등에서 일어나는 가장 창의적이고 영향력 있는 활동은 대부분 '비공식' 팀에서 이뤄진다.

일부 경영 서적에서 이와 관련된 사례들을 찾아볼 수 있다. 1943년 독일 나치군이 제2차 세계대전 당시 세계 최초의 쌍발 제트 전투기인 메서슈미트 262기를 출동시키자 동맹국은 벼랑 끝으로 내몰렸다. 이때 미국 항공기 제조회사인 록히드Lockheed의 수석 디자이너 켈리 존슨Kelly Johnson은 6개월 안에 새로운 전투기를 만들겠다고 약속했다. 예나 지금이나 제트기 제작 예산 확보를 위한 제안서 작성에만 6개월 이상 걸린다. 하지만 존슨은 자신과 비슷한 성향의 사람들로 팀을 조직하고 공장 옆에 친 텐트에서 지내며, 단발 제트 전투기 P-80 슈팅스타Shooting Star를 6개월 만에 제작했다.

스티브 잡스는 비공식적으로 구성된 매킨토시 개발팀을 애플 본사에서 멀리 떨어진 유기농 식당 굿 어스Good Earth 옆 작은 건물에 만들었다. IBM은 첫 번째 개인용 컴퓨터를 뉴욕 주 아몽크가 아닌 플로리다 주 보카 라톤에서 개발했다. 트위터는 2007년 IT, 영화, 음악을 아우르는 세계 최대 창조산업 축제인 사우스바이사우스웨스트^{South by Southwest} 컨퍼런스에 참석하기 위해 샌프란시스코에서 오스틴으로 향하는 버스 안에서 구상되었다.

미래에는 가상 팀이나 아웃소싱 팀에 대한 기존의 생각이 바뀔까? 필자 마이클은 1992년 《가상 회사^{The Virtual Corporation}》에서 이와 관련된 내용을 다뤘다. 필자는 가상 팀이 구축되고 운영될 가능성은 높지만 미래학자들의 주장처럼 모든 것이 바뀌지는 않을 것이라 말했다.

신경과학이나 인류학에서 주장하는 팀에 대한 설명도 주의 깊게 들을 필요가 있다.

이 책을 마무리하는 과정에서 필자들은 몇 가지 주제로 이야기를 나누면서 놀라운 사실을 발견했다. 첫 번째는 글로벌 경제가 얼마나 빨리 변화하고 있고, 그런 와중에도 역동적인 기업들은 변화에 맞춰 팀을 구축하고 있다는 점이다. 필자 리치는 레노버^{Lenovo}(베이징에 본사를 둔 개인용 컴퓨터, 노트북 컴퓨터, 태블릿 PC, 핸드폰 제조회사로, 2005년 IBM의 PC 사업부를 인수했다-역주)의 임원과 저녁 식사를 할 기회가 있었다.

레노버는 민첩한 경영, 기회와 위협에 대한 빠른 대응으로 정평이 나 있고, 지금도 승승장구하고 있다. 하지만 레노버 경영진은 중국 핸드폰 신생 기업인 샤오미^{Xiaomi}가 아시아 시장에서 위협적인 존재로 부상했다는 사실을 받아들이지 않을 수 없었다. 이것이 바로 하버드 경영대학원 석좌교수이며 파괴적 혁신^{disruptive innovation}

이론의 대가인 클레이튼 크리스텐슨Clayton Christensen이 주장한 '혁신 기업의 딜레마The Innovator's Dilemma'일까?

혁신 기업의 딜레마에 따르면, 레노버처럼 실적이 좋은 기업은 파괴적 위협을 감지하면서도 제대로 대처하지 못하는 경우가 많다. 샤오미의 낮은 상품 가격에 맞추면 레노버 수익률은 큰 타격을 받는다. 물론 레노버도 샤오미의 부상을 이미 예상하고 있었다. 샤오미 제품이 아시아 시장에서 빠르게 성장하는 것을 알았고, 샤오미와의 가격 싸움에 대응할 준비도 했다. 문제는 현실적인 부분에서 발생했다. 레노버는 샤오미의 빠른 성장을 막기 위해 시장별로 새로운 팀을 구축하고 대응할 여력이 없었다.

두 번째는 '밀레니얼 세대Millennial Generation'(1980년대 초반부터 2000년대 초반 출생한 세대-역주)의 부상이다. 경영자들은 밀레니얼 세대의 등장에서 가장 큰 위기를 느낀다. 밀레니얼 세대가 기업을 경영하고 부하 직원을 통솔할 수 있느냐가 가장 큰 문제다. 이 세대가 과학, 기술, 소셜 미디어, 빠른 위기 대응 등 많은 부분에서 놀라운 능력을 갖추고 있긴 하지만, 경영자 대부분은 그들의 능력을 의심한다. 윤리, 교육, 창의성, 다른 경영 능력이 부족하다는 말은 아니다. 단지 경영 경험이나 팀워크 스킬이 부족함을 걱정한다.

이제 밀레니얼 세대가 경영 일선에 합류할 날이 머지않았다. 이들은 빠르게 변하고 경쟁이 극심한 비즈니스 환경에 맞서 팀을 조직하고 운영하며 팀원들을 독려하는 역할을 할 것이다. 이전 세대보다 더 많은 역량이 요구되는 만큼 짊어져야 할 책임도 크다.

이 책은 현재와 과거의 가장 성공적인 사례들을 모아, 모든 분야의 차세대 리더가 역동적이고 탄탄하며 최고의 역량을 갖춘 팀을 조직하고 다가올 미래에 대담하게 맞서게 하기 위해 쓰였다. 그들은 앞으로도 많은 지식과 정보를 습득해야 한다. 따라서 이후 마주칠 역경을 잘 헤쳐나가는 데 이 책이 도움이 되길 바란다.

▎팀에 관한 20가지 질문

팀은 기업 안팎에서 무수히 조직된다. 팀은 조직의 성공과 행복을 좌우한다. 그럼에도 사람들은 종종 팀의 중요성을 등한시한다. 팀은 대부분 운, 우연, 혹은 상황에 맞추어 조직된다. 철두철미한 계획하에 조직되는 경우가 드물다.

볼링 팀, 동네 반상회, 행사추진위원회 등과 같이 임의로 조직된 소규모 팀은 더 많은 위험에 노출되어 있다. 그렇다면 기업, 비영리 단체, 정부 등은 어떨까? 기업 역시 수개월에 걸쳐 신제품 개발, 소비자 조사, 시장 분석, 유통이나 소매 채널, 마케팅 프로모션, 세일즈 전략 등에 엄청난 돈을 쓰지만, 팀을 과학적으로 조직하는 데에는 큰 투자를 하지 않는다.

위대한 팀은 우연히 조직되지 않는다.

팀 조직과 운영에 좀 더 과학적인 접근이 필요하다. 다음 20가지 질문을 스스로에게 던지며 시작하자.

1. 당신이 속한 팀은 치열한 경쟁과 도전에 맞설 만한 조직인가?

2. 그렇지 않다면 팀 조직에 필요한 역량을 쌓기 위해 무엇을 할 수 있는가?

3. 당신이라면 새로운 지식을 활용하여 빠르게 변화하는 시장에 민첩하게 대응할
   팀을 조직할 수 있는가?

4. 당신이 필요로 할 때, 조직 내에서 적절한 팀을 찾을 수 있는가?

5. 당신은 기존의 팀을 해체하고 새로운 팀을 조직해야 할 시기를 제대로 파악하고
   있는가?

위 다섯 개는 아주 현실적인 질문이다. 모든 조직은 팀으로 구성되어 있고, 팀의 역량은 저마다 다르다. 어떤 팀은 원활하게 운영되지 않고, 어떤 팀은 뛰어난 성과를 보이며, 어떤 팀은 여전히 고군분투 중이다. 위대한 팀이라고 해서 항상 뛰어난 성과를 내는 것도 아니다. 다음 질문을 살펴보자.

6. 당신이 속한 조직은 위대한 팀에 의해 좌우되는가?

7. 당신은 특정 업무에 가장 적합한 사람을 정확하게 알고 있는가?

8. 평균 이하의 능력을 가진 팀이 최대의 성과를 내도록 만드는 일이 당신에게 주어
   진다면 어떻게 할 것인가?

9. 새로운 팀을 조직할 때 가장 먼저 해야 할 일은 무엇인가?

10. 최고의 성과를 내는 팀 중에서 한계에 이른 팀이 있는가?

11. 이 팀을 과감하게 해산할 수 있는가?

12. 뛰어난 인재들의 반감을 사거나 사기를 떨어뜨리지 않으면서 이러한 문제를 해결할 수 있는가?

13. 새로운 팀을 빠르고 효과적으로 조직하는 방법을 아는가?

이제 13개 질문을 했다. 이는 시작에 불과하다. 지금까지의 질문은 팀을 구축하고 운영하는 데 필요한 역량을 당신이 갖고 있는지를 확인하기 위한 것이다. 다음 질문은 조직 역량에 관한 것이다.

14. 당신의 팀은 산업이나 고객에게 영향을 주는 환경 변화에 잘 대응하고 있는가?

15. 당신의 팀은 기술, 경제, 고객 행동 등에서 일어날 수 있는 큰 변화를 예측하고 민첩하게 대응하고 있는가?

16. 당신의 팀은 글로벌화와 다문화가 주는 가치를 잘 이해하고 받아들이는가?

17. 모바일 기술 발달이 팀의 성과에 긍정적 혹은 부정적 영향을 끼치는가? 당신의 팀이 대응하는 방식은 경쟁사와 어떻게 다른가?

18. 당신의 팀에 주어진 사명과 가치, 그리고 목표가 소셜 미디어의 영향을 받는가?

19. 당신의 팀에는 적합한 인력이 배치되었고 합당한 직무를 수행하고 있는가?

마지막 질문은 가장 중요하지만 많은 조직과 사람이 간과하고 있는 것이다.

20. 당신의 팀 규모는 해당 업무를 수행하기에 적절한가?

이 책의 목적은 위에 나온 20가지 질문뿐 아니라 기타 다양한 질문에 대한 해답을 찾는 데 있다. 이를 위해 인류 역사만큼 오래된 지혜와 사회신경과학social neuroscience 분야 전문가들이 발표한 최신 연구 결과들을 모았다. 이 놀라운 연구 결과들은 우리가 가진 편견을 없애줄 것이다.

본론으로 들어가기 전에 팀과 관련된 새로운 사실들을 살펴보자. 아래 기술된 내용은 모두 팀 성과에 큰 영향을 주는 것으로 이미 밝혀졌다.

- 인종과 성gender의 다양성에 대한 사회적 관점
- 인지적 다양성이 성과에 미치는 영향
- 팀 친화력을 높이기 위해 '지복점bliss point'(최고의 만족도를 주는 지점-역주)을 찾는 방법과 생산성을 3배 이상 높이는 방법
- 지나치게 순응적이거나 그 반대의 문화가 팀 분위기를 해치는 이유
- 적절한 '창조적 마찰creative abrasion'을 통해 '전뇌형 팀whole-brained team'을 조직하는 방법
- 나쁜 영향을 주는 팀원을 색출하는 방법
- 천재 한 명보다 소규모 팀이 성공할 확률이 40퍼센트 이상 높은 이유
- 7명(±2명), 150명, 1500명으로 구성된 팀이 가장 이상적인 이유
- 성과 보상에 대해 일반적으로 알고 있는 정보가 틀린 이유

- 성공적인 팀을 지속적으로 유지하는 방법, 적절한 팀 해산 시기
- 조직 개편 시 정리해고 대상에 포함해서는 절대 안 될 인재를 찾아내는 방법

일부 이론이나 결론은 반직관적이거나 비현실적으로 보일 수도 있다. 처음에는 실패할 거라고 여겼던 팀이 나중에 성공하는 경우도 있다. 스포츠에서는 좋은 선수들로 구성되었음에도 팀워크가 이뤄지지 않아서 선수들의 잠재력을 충분히 발휘되지 못하는 사례도 많다. 대학이나 회사에서 성격, 스킬, 경험 등이 전혀 다른 사람들과 한 팀이 된 경험도 있을 수 있다. 판이하게 다른 두 사람이 놀라운 생산성을 보인 적은 없는가? 어떻게 이런 것들이 가능했을까?

역량이 떨어지는 팀원이 의외로 인정받는 것을 목격한 적은 없는가? 팀원 간의 신뢰가 무너진 팀에서 일한 경험이 있는가? 조직에 해를 끼치는 팀원을 퇴출하고 나서야, 완벽한 팀의 모습을 갖추게 된 경험은 또 어떠한가?

이제 이런 질문에 대한 답을 찾아보자.

팀을 성공으로 이끄는 힘

이제 모든 리더가 알아야 할 4가지 사항을 밝히며 본론에 들어가고자 한다.

첫째, 팀은 치열한 경쟁에서도 충분히 생존할 능력이 있어야 하며, 스스로 살아남는 법을 배워야 한다. 다른 조직의 지원을 기대하

기 힘든 경우가 많다. 위기에 민첩하게 대응하고 때때로 기업의 운명을 좌우하는 중요한 결정도 내릴 수 있어야 한다.

둘째, 팀을 조직할 때 뇌과학적 고려가 필요하다. '인간은 팀을 구성하도록 유전적으로 타고났다'라는 사실이 과학적으로 입증되었다. 사람은 선천적으로 팀을 구성하게 되어 있다는 말이다.

셋째, 팀은 뛰어난 인재 한 사람에 의존하기보다 전체 구성원이 잠재력을 발휘할 수 있도록 조직되고 운영되어야 한다. 전 세계 기업인들이 공통적으로 잘못 생각하는 것이 있다. 사람들은 기업인, 리더, 트렌드세터trend setter 한 사람의 영향력에 너무 크게 의존한다. 경영진과 투자가들은 천재적 인재를 과대평가하고 천재적 팀은 과소평가하는 경향이 있다.

넷째, 전략적 목표를 세울 때 팀 '규모'와 '구성'의 중요성을 잊어서는 안 된다. 팀 규모가 너무 커서 실패하는 경우가 많다. 규모가 커지면서 다양성이 사라지는 사례도 있다. 소규모 팀이 일궈낸 성공 사례도 있다. 특히 가장 기본적인 형태인 2인 1조 팀의 활약을 무시해서는 안 된다.

이 책을 통해 (1) 몇 명의 팀원으로 (2) 어느 정도의 다양성을 고려하여 팀을 조직하고 운영할 것인지 생각하기 바란다.

급변하는 글로벌 시장에서 팀을 어떻게 조직하고 운영하고 재구축하느냐가 기업의 사활을 결정한다. 몇 가지 사례만 볼 것이 아니라 팀에 대한 생각을 전반적으로 새롭게 정립할 때다. 인류학, 사회학, 인지과학, 신경과학 등에서 발견한 사실을 바탕으로 팀을 체계적이고 과학적으로 들여다봐야 한다.

1

준비되지 않은 팀은 변화 앞에 무너진다

기술 중심의 빠른 변화가 일상이 된 지 오래다. 반도체의 메모리 용량이 24개월마다 두 배가 된다는 '무어의 법칙Moore's Law'은 이제 상식이다. 기술 진보는 현대 사회의 변화를 이끌고 있다. 이러한 변화를 인지하고 있다고 해서, 그 변화의 의미를 분명히 이해했거나 이에 대처할 효과적인 방법을 아는 것은 아니다. 현대 사회의 빠른 변화는 사람들이 생각하는 것보다 더 획기적이다.

무어의 법칙은 페어차일드반도체Fairchild Semiconductor와 인텔의 공동 창업자인 고든 무어Gordon Moore가 1965년 〈일렉트로닉스〉지에 기고한 글에서 처음 사용됐다. 무어는 고작 몇 년 전에 발명된 메모리칩도 빛의 속도로 발전하고 있다고 주장했다. 그는 일반적인 그래프에 가격과 성과 간 상관관계를 그려 넣으려 애썼지만 곡선이 지나치게 가팔랐으므로, 로그함수로 바꾸어 가는 선을 그렸다. 이

곡선은 메모리칩의 성능이 2년마다 두 배 성장하고 있음을 보여주었다(당시는 18개월이었지만 지금은 24개월이다).

놀라운 변화를 보여주는 그래프였지만 그 누구도(무어조차도) 이 그래프가 50년 이상 지속되어 오늘날의 빠른 변화를 설명하리라곤 상상조차 못 했다. 지금도 우리는 무어의 법칙을 경험하고 있고, 앞으로도 25년 이상 이 법칙의 영향에서 벗어나긴 힘들어 보인다. 2005년까지 40여 년간 그래프 곡선은 완만한 상승 형태를 보였다. 하지만 상대적으로 완만해진 현재의 곡선에서 미니 컴퓨터, 마이크로프로세서, 디지털 계산기, 컴퓨터 게임, 개인용 컴퓨터, 인터넷, 로봇, 무선 전화기, 스마트폰, 전자상거래 등이 부상하고 있다.

2005년 이후 칩당 트랜지스터가 250억 개로 급증하면서, 이 곡선은 무한대의 수직 형태를 보이기 시작했다. 디지털 시대라는 언덕을 겨우 넘자마자 우리는 또다시 거대한 산을 마주하게 된 것이다.

사람들은 무어의 법칙이 보편화된 세상에 익숙해져, 역사상 가장 큰 변화 앞에 있다는 사실을 종종 잊는다. 이 법칙의 새로운 상승 곡선을 이해하고 예측하고 활용하는 데 익숙해진 나머지, 이 '거대한 괴물'을 통제할 수 있다고 착각한다. 하지만 실상은 다르다.

디지털 시대의 폭발적인 기술 발전을 잘 설명한 것으로 '멧캘프의 법칙Metcalfe's Law'도 있다. 이 법칙은 어떤 네트워크의 유용성 또는 실용성이 사용자 수의 제곱과 같다고 정의한다. 다시 말해 네트워크에 참가하는 사용자가 늘어날수록 그 네트워크의 가치가 급속히 증가한다는 것이다. 사물인터넷Internet of Things의 등장으로 1000억 개의 센서, 카메라, 로봇, 드론 등과 같은 새로운 스마트 기기들이 속속 선보이고 있다. 2005년 구글의 CEO였던 에릭 슈미트Eric Schmidt는 인터넷의 정보량이 500만 테라바이트(0이 자그마치 18개다!)가 될 것으로 예상했다.[1] 오늘날 인터넷의 정보량은 300엑사바이트로 6만 배 이상 증가했다. 미국의 정보통신 회사인 시스코의 CEO 존 챔버스John Chambers는 사물인터넷의 가치가 14.4조 달러로 매년 20퍼센트 이상 증가하고 있다고 말한다.

하지만 무어의 법칙처럼, 사람들은 멧캘프 법칙의 기하급수적 성장에도 그다지 주목하지 않고 있다.

15년 전, 10억 명이 인터넷을 정기적으로 사용하기 시작했다. 당시 그 숫자는 인류 역사상 인터넷을 가장 큰 시장으로 만들기에 충분했다. 이것 역시 시작에 불과했다. 2010년에 또 다른 10억 명이 추가로 인터넷에 접속하기 시작했다. 2012년에는 전 세계 25억 명이 인터넷 기반의 시장에 접속했다.[2] 오늘날 인터넷 인구는 30억 명을 웃돈다. 이 숫자에는 곧 인터넷 시장에 뛰어들 수십억 개의 센서와 스마트 기기가 포함될 것이다. 멧캘프의 법칙에 따르면, 사람과 센서 간 디지털로 이어진 수는 무한대가 된다.

인구수만을 놓고 보았을 때, 세 번째 추가된 10억 명의 인구는 첫번째와 두 번째 추가된 10억 명과 확연히 다르다. 이 사람들 대부분은 개발도상국에 거주하고 연 소득은 수백 달러를 겨우 웃돈다. 자동차나 비행기를 타본 경험도 없다. 하지만 이들이 제3세계 국가에 있는 한 도시의 후미진 상점에서 빌린 핸드폰으로 이베이eBay에서 물건을 판매하는 행위 역시 글로벌 경제에 크게 기여할 것이다. 그들은 전 세계 수백만 인구를 위한 새로운 하부 시장을 형성하게 된다. 선진국의 국민총생산에서 인터넷이 차지하는 비율은 21퍼센트로 추정되며, 5년 전의 두 배다.[3] 개발도상국에서는 훨씬 더 빠른 증가세를 보이고 있다.

우리가 거의 예측하기 힘든 네 번째 10억 명에 대해 이야기해보자. 그들은 전 세계에서 가장 가난하며 고립된 지역에 살고 있고, 선진국에서 판매하는 제품을 접한 경험이 없다. 화폐를 사용하지 않고, 차를 탄 적도 없으며, 먼발치에서조차 비행기를 본 적도 없다. 하지만 전 세계가 인터넷으로 완전히 연결되는 때가 오면 그들도 글로벌 경제에 합류하게 될 것이다. 사람들로 북적이는 제3세계 거대 도시의 허름한 핸드폰 가게에서 스마트폰을 빌리거나, 새로운 고객을 찾아 거대 통신사들이 공짜로 나누어주는 핸드폰을 받아 드는 순간 말이다.

세 번째나 네 번째 10억 인구도 곧 인터넷 기반의 글로벌 경제에 합류한다. 기업은 성장을 위한 필사적인 노력과 함께, 멧캘프 법칙의 혜택을 누리려는 사람들을 찾아 인터넷의 세계로 이들을 유도할 것이다.

결국 사람이 팀을 만든다

그렇다면 우리 앞에 놓인 과제는 무엇인가? 앞서 설명한 엄청난 컴퓨팅 파워와 글로벌 도달력global reach은 앞으로 상상을 초월하는 위력을 발휘할 것이다. 세 번째와 네 번째 10억 인구에서 생기는 기회는 누가 포착할 것인가? 그 파워와 도달력은 빠른 속도로 우리의 일상을 지배하고 있다. 중소기업도 효율적으로 제품이나 서비스를 만들 수 있게 되었다.

무어의 법칙은 유휴 생산 능력을 야기한다. 이는 전자제품에만 국한되는 것이 아니다. 예를 들어 초정밀 수평 드릴링 공법으로 땅속 깊은 곳의 셰일층에 매장된 원유를 추출할 수 있다. 이처럼 정밀한 공법은 첨단 전자기술의 도움으로 가능하다. 석유 재벌인 분 피켄스Boone Pickens는 〈포브스〉지에 "2마일 정도 아래로 드릴링하고 나서 오른쪽으로 약간 가서 다시 2마일 정도 드릴링한 다음에 누군가의 집 문을 열쇠로 열 수 있을 정도예요. 그 정도로 정교합니다." 라고 말했다.[4] 무어의 법칙은 석유, 공장, 해상 운송 산업 등에도 쉽게 적용할 수 있다.

글로벌 도달력으로 수십억 달러의 광고비 없이도 글로벌 시장을 단번에 공략할 수 있게 되었다. 기하급수적으로 증가하는 무한대의 연결 개수로 고객에게 도달할 수 있는 수많은 방법을 설명한 멧캘프의 법칙에 따르면, 이런 활동이 큰 비용 없이도 가능해졌다. 시장 변화에 유연한 중소기업들은 더 많은 틈새시장과 고객을 찾을 수 있다. 기술력도 마찬가지다. 가상 서버인 클라우드가 우리의 일상을 빠르게 지배하고 있다. 이제 더 이상 IBM에서 제품을 구입할 필요가 없다. 아마존, 알리바바, 구글, 마이크로소프트 등을 통해 싸고 쉽게 구매할 수 있다.

컴퓨팅 파워, 글로벌 도달력, 첨단 기술 등은 성공을 위한 밑거름이다. 하지만 지속적인 성공을 보장하진 않는다. 이들은 이미 우리의 일상이 되었고 예전처럼 진입 장벽도 높지 않다. 대신 기동성 maneuverability이 새로운 진입 장벽으로 자리 잡았다. 기동성은 글로벌 도달력, 첨단 기술, 위대한 팀을 통해 위력을 발휘한다. 이름하여 '팀의 천재성Team Genius'이다.

여기에 불편한 진실이 하나 있다. 발명품의 진보는 인간의 진화 속도를 능가한다. 공학 용어로 '제약 요인gating factor'이라 부르는데, 이는 프로세스의 진행 속도가 빨라지는 것을 제약한다는 뜻이다. 조직이 변화에 얼마나 잘 적응하는지를 결정짓는 것은 규모나 기술이 아니라 사람이다.

빠르게 변하는 시장에서 지속적인 성장을 거듭하는 기업과, 빠른 변화에 민첩하게 적응하지 못하고 고전하는 기업의 차이는 구성원을 어떻게 조직해 협업하게 만드느냐에 있다.

수많은 글로벌 기업이 원대한 비전 아래 몸집을 계속 키워나가고 있지만, 머지않아 규모를 축소하고 계획 실행에 집중해야 하는 순간이 올 것이다. 지난 반세기 동안 미래학자들의 주장과는 달리 회사 규모는 더 커졌고 수십, 수백 혹은 수천 개의 소규모 팀은 인터넷을 통해 긴밀하게 연결되며 역량을 발휘해왔다.

인류 역사상 전례 없는 속도(엄청난 속도의 기술 발전)와 도달력(글로벌 시장에서 새로운 연결 고리의 폭발적 증가) 속에서도 인류 문화에 깊이 뿌리내린 팀의 중요성이 나날이 커지고 있다.

기동성의 역할

1980년대, 미국 미식축구 팀인 샌프란시스코 포티나이너스^{49ers} 감독이었던 빌 월시^{Bill Walsh}는 챔피언 결정전인 슈퍼볼^{Super Bowl}에서 세 번 우승했다. 후임 감독도 팀을 두 번 더 우승으로 이끌었다. 월시는 2007년 사망했지만 그가 남긴 플레이북과 강조했던 팀워크는 이후 미식축구의 교과서로 남았다.

그는 미시시피밸리 대학교를 갓 졸업한 신출내기 와이드 리시버(쿼터백의 패스를 받는 포지션-역주)인 제리 라이스^{Jerry Rice}를 스카우트했다. 라이스는 이후 전미미식축구리그^{National Football League} 통산 최다 득점 기록을 갱신했지만, 1985년만 해도 월시 외에 누구도 제리가 명예의 전당에 오를 만한 재목이라는 것을 몰랐다. 월시는 라이스를 스카우트한 이유를 이렇게 말했다.

"라이스는 속도가 느린 편이었다. 40야드(36.58미터)를 4.7초 정도에 주파했다. 프로 선수 대부분은 4.4초 이하로 달린다. 하지만 라이스가 대학 리그에서 뛸 때 찍은 영상을 잘 보면 한 가지 다른 점을 발견할 수 있다. 바로 급회전이 가능하다는 것이었다. 누구보다도 빠르게 옆으로 방향 바꿔 뛰기가 가능했다. 민첩함은 수비수를 따돌리기에 충분할 정도였다."

기동성은 단순히 빠른 것만을 의미하지 않는다. 기동성이란 방향을 빠르게 전환하거나 반대로 가는 능력으로 기술, 시장 기회, 경쟁과 같은 변화에 유연하게 대처하는 능력과 같다. 물론 그 과정에서 조직의 내부 응집력을 손상해서는 안 된다.

기동성으로 성장한 조직 사례는 많다. 실리콘밸리의 시초이며 최초 벤처 기업인 휴렛팩커드의 빌 휴렛William Hewlett과 데이비드 팩커드David Packard는 대학원 시절 음향발진기audio oscillator를 개발하고 특허 등록까지 하기 전에 볼링 장비와 자동 세척 소변기 등의 사업에 손댔다. 세계 최초의 웹브라우저인 넷스케이프Netscape의 짐 클라크Jim Clark와 마크 안드레센Marc Andreessen, 그리고 다른 창립자들은 초기에 컴퓨터 게임 사업에 뛰어들 생각을 했다. 구글은 초기에 광고를 전혀 고려하지 않았다. 세계 최초의 인터넷 서점인 아마존은 고객에게 책을 팔려고 했지, 기업에 클라우드 서비스를 팔 생각은 없었다. 그 누가 애플이 음악시장을 선도하는 기업이 되리라고 상상이나 했겠는가? 기동력이 뛰어난 팀은 항상 빠른 실행이 가능하고 변화에 잘 적응한다.

오늘날 급변하는 경제 환경과 문화 속에서 승자는 빠르게 보상받고 패자는 가차 없이 처벌받는다. 재기에 성공한 애플이 있는가 하면, 한때 세계 최대의 필름 제조사였지만 쓸쓸히 역사의 뒤안길로 사라진 이스트먼 코닥Eastman Kodak이 있다. 경제 호황을 누리는 독일이 있는가 하면, 국가 부도 위기를 겪은 그리스가 있다. 한강의 기적을 이루며 경이로운 경제 발전을 이룬 한국이 있는가 하면, 여전히 공산 독재 체제에서 빈곤에 허덕이는 북한이 있다. 기술 혁신의 상징인 실리콘밸리가 있는가 하면, 장기 불황의 늪에 빠진 디트로이트가 있다. 앞으로 빈부의 차이와 불균형은 더 커질 것이다. 글로벌 경제의 호황 혹은 불황 여부와 관계없이 새로운 불균형은 어디든 존재한다.

대기업은 기동력을 효과적으로 발휘하거나 방향을 빠르게 전환하지 못하는 것으로 알려졌다. 이를 가능케 하기 위해서는 작고 응집력 있는 팀이 조직의 핵심이나 상부에 있어야 한다.

이와 더불어 두 가지 역량이 필요하다. 하나는 팀이 결정한 사항을 조직 전체에 전파하여 실행하는 능력이다. 다른 하나는 팀 전체의 신뢰를 얻는 것이다. 규모가 큰 조직이라도 팀의 천재성과 리더십이 있다면 빠른 변화에 민첩하게 대응할 수 있다.

스티브 잡스와 팀

대기업 기동성을 이야기할 때 빠지지 않는 회사가 있다. 바로 애플이다. 2002년 9월 애플의 미래는 암울했다. 주가가 거의 바닥을 쳤고, 애플에 투자하는 것은 도박이나 다름없었다.

스티브 잡스가 애플에 복귀하고 10년이 지나자 애플은 회사명에서 컴퓨터라는 단어를 떼어내고 세계적 기업으로 우뚝 섰다. 애플이 10년간 엄청난 속도로 성장하는 동안, 안정적인 비즈니스를 추구했던 다른 기업들은 고전을 면치 못했다. 엔론, 월드컴, 노스웨스트항공, 리먼 브라더스, 제너럴모터스 등이 대표적이며, 이 외에도 수많은 기업이 사업을 접거나 부도가 나는 등 대공황 때보다 더 심각한 경기 침체를 겪었다.

애플은 어떻게 성공한 것일까? 큰 규모의 건실한 기업들이 잇따라 위기를 겪는 동안 애플은 어떻게 급성장할 수 있었을까?

답은 간단하다. 이 기간 동안 애플은 혁신적인 제품과 서비스, 즉 아이팟, 아이튠즈, 애플스토어, 아이폰과 아이패드 등을 연달아 출시했다. 이는 새로운 산업과 수십억 달러에 이르는 새로운 시장을 만들어낸 것이다.

물론 애플의 순항에 돛을 단 일등 공신은 스티브 잡스다. 잡스는 애플을 떠났다가 12년 만에 복귀한 후 애플의 재기를 처음부터 이끌었다. 1997년 애플로 돌아온 잡스는 예전의 그가 아니었다. 전보다 더 현명하고 자신감 넘쳤다. 물론 1985년 애플에서 쫓겨날 때처럼 변덕스럽고 괴팍한 모습은 그대로였다. 하지만 잡스는 공백기 동안 두 가지를 깨달았다. 첫째는 위험을 기꺼이 감수하는 데 보상해야 한다는 것이고, 둘째는 크기에 관계없이 성공한 모든 기업은 작은 팀의 성공에서 시작한다는 것이었다. 크거나 작거나, 충성도가 높거나 낮거나, 안정적이거나 불안정하거나, 직급이 낮은 엔지니어부터 임원까지 함께 일하며 성공적인 회사를 만들기 위해서는 때로는 협력하고 때로는 다른 목표를 향해 팀을 조직해서 일한다는 것을 뼈저리게 깨달았다.

애플이 부침을 겪는 동안 예상치 못했던 팀들이 회사의 미래를 좌우할 만한 '비밀 병기'를 쉴 새 없이 쏟아냈다. 디자인, 교육, 운영체제 개발, 마케팅, 광고 등의 부문에 애플 하드웨어 부문 총괄이었던 존 루빈스타인Jon Rubinstein(아이팟 디자이너이자 애플의 '제3의 도약'을 선도한 주인공-역주)의 핵심 인재들이 포진해 있었다. 이들은 회사와 독립적으로 움직였고, 일부는 회사에 노골적인 반대 의견을 내놓기도 했다. 하지만 그들 대부분은 자기 분야에서 어느 정도 천재성을 드러냈다.

이 팀은 초기 애플의 성장을 이끌어낸 주인공으로, 미숙한 경영관리로 인한 경영난을 견디며 애플이 혁신을 거듭하게 만드는 기폭제 역할을 했다. 애플의 팀이 성공한 데는 세 가지 요인이 있었다.

● 기술: 애플에 소속된 팀의 유연함flexibility과 적응성adaptability은 바로 기술에서 비롯되었다. 빠르게 발전하는 기술을 확보해야만 경쟁자를 따돌릴 수 있다. 물론 기술 확보가 쉬운 일은 아니지만 애플은 무어의 법칙을 잘 지켰다. 애플은 이 법칙을 제품에 적용해(마이크로프로세서와 최신 메모리 미디어를 통해) 빠른 변화에 유연하게 적응하는 기업문화를 만들었고, 각 팀이 목표 달성에 매진할 수 있도

록 독려했다.

- 인재: 애플은 현재의 구글, 페이스북, 트위터처럼 초반 20년간(그리고 최근의 10년간) 거의 독보적인 '스타성'을 누렸다. 스타성은 뛰어난 젊은 인재를 끌어모으는 데 유리했다. 물론 이 방법이 항상 먹히는 것은 아니다. 선도 기업은 인재를 끌어모으기 쉽다. 하지만 더 큰 과제는 기업의 경영 상황이 안 좋아지거나, 인재들이 스톡옵션을 행사하거나, 기업문화가 고유의 색깔을 잃는 경우에도 지속적으로 인재를 끌어모을 수 있느냐는 것이다. 애플은 초반 수년간 애플만의 '쿨'한 기업문화를 구축해, 1990년대 초반 경영 상태가 악화 일로를 걷고 있을 때도 많은 인재를 유지할 수 있었다. 그들은 잡스가 복귀했을 때도 여전히 애플에 남아 있었다.

- 위험 감수: 애플의 정상 탈환은 잡스가 (그가 없던 15년간 사라져버린) '위험 감수 문화'를 되살리면서 시작되었다. 직원들은 지나치게 신중하거나 따분한 디자인을 잡스에게 보여줘서는 안 된다는 사실을 알게 됐다. 기꺼이 위험을 감수하는 기업은 많지 않다. 애플은 이러한 문화를 성공적으로 구축했다.

기술, 인재, 위험 감수라는 세 가지 요소는 필요 조건에 불과하다. 이러한 요소가 힘을 발휘하기 위해서는 잘 구축되고 충성도 높은 팀이 필요하다. 이렇게 구성된 팀은 전심전력을 다해 각자 세운 목표를 달성해나갔고 잡스는 팀의 기여를 인정했다. 팀원들은 애플의 혁신을 위해 일하면서도 자신의 존재를 드러내지도 않았고, 잡스가 홀로 세간의 주목을 받는 것에도 크게 개의치 않았다.

애플은 결국 성공했다. 하지만 애플의 성공을 이끈 숨은 공신들은 드러나지 않았다. 신문과 방송이 잡스를 천재적인 '고독한 영웅'으로 추앙하는 데 골몰했기 때문이다. 여기에 숨겨진 진실이 있다.

잡스에게는 수많은 아이디어를 제안한 8만여 명의 애플 직원이 있었고, 이들은 다양한 아이디어를 바로 실행에 옮겼다. 애플 제품 중에서 잡스가 단독으로 진행한 것은 거의 없다. 잡스에게도 최소한 한 명의 파트너가 있었고, 파트너 중 몇 명은 세상에 널리 알려졌지만 대부분은 그렇지 않았다. 그들은 그 분야에서 가장 뛰어나거나, 제품의 실행 가능성을 정확히 진단하거나, 같이 맞서 싸우거나, 잡스의 아이디어를 실행에 옮기거나, 잡스가 겪는 혼란을 잠재워주는 사람들이었다.

사실 잡스는 각 프로젝트의 적임자를 끊임없이 물색하고 교체했다. 애플의 공동 창립자 스티브 워즈니악Steve Wozniak, 전 CEO 마이크 마쿨라Mike Markkula와 존 스컬리John Sculley, 부사장 버드 트리블Bud Tribble, 애니메이션 제작사인 픽사Pixar의 존 라세터John Lasseter 등이 그들이다. 어떤 팀워크는 빛을 발했고 어떤 팀워크는 그렇지 못했다. 잡스가 자신과 너무나 비슷한 사람을 선택하거나, 지나치게 많은 권한으로 상대를 압도하는 경우에는 어김없이 실패했다.

잡스의 가장 큰 강점은 자신과 파트너들의 약점을 제대로 파악하고 이를 고쳐나갔다는 것이다. 파트너 중에서 단연 돋보이는 팀워크를 보였던 인물은 애플의 전 최고운영책임자COO이자 현 CEO인 팀 쿡^{Tim Cook}이다. 쿡은 잡스의 오른팔 역할을 제대로 하며 그의 관심과 신뢰를 한 몸에 받았다.

애플에 복귀한 잡스는 IBM과 컴팩의 부사장을 역임한 팀 쿡을 영입했다. 쿡의 성격은 잡스와 정반대였다. 항상 낮은 자세로 절제력을 보이며 정리정돈을 잘하는 쿡은 모든 면에서 잡스와 반대였다. 쿡은 잡스의 성향을 제대로 파악했고, 잡스가 경영 전반에 신경 쓰지 않고 신제품 개발에 몰두할 수 있는 환경을 만들어줬다.

쿡은 자신을 내세우지 않고 뒤에서 조용히 잡스를 도왔다. 잡스가 애플 성공의 8할은 본인의 끊임없는 실행력 덕분이라고 공공연히 말했기 때문이다. 이를 통해 잡스는 자신의 권한을 공고히 다질 수 있었고, 경쟁사들이 애플 직원을 빼 가는 것을 막을 수 있었다.

쿡은 군말 없이 잡스의 지시를 따랐다. 수년 후 잡스는 쿡에게 CEO 자리를 내주며 누구보다도 크게 보상했다. 쿡과 잡스는 현존하는 최고의 팀워크를 보여줬다. 이 사실은 잡스가 병을 앓고서야 알려졌다.

잡스는 비틀스를 모델로 삼았다

스티브 잡스의 업적을 파고들수록 당대 가장 유명했던 '고독한 기업가'인 그가 실제로는 다른 사람이나 회사 내 팀들과 지속적으로 협력한 것으로 밝혀졌다. 다만 그들 대부분이 바깥세상에 알려지지 않았을 뿐이다. 잡스는 잘못된 파트너를 만나는 순간 구렁텅

이에 빠지기도 했지만, 좋은 파트너 혹은 팀과 일했을 때는 상상을 초월하는 결과를 내놓았다.

많은 사람이 잡스를 과거에 얽매이지 않고 온갖 위험이 도사리는 미지의 세계를 개척한 '독불장군형 기업가'로 기억한다. 고독하고 영웅적인 이미지의 잡스는 수많은 젊은 기업가에게 존경의 대상이었다. 그는 양보를 미덕으로 삼으며 지루한 업무도 순순히 해내는 팀 플레이어들과 전문가다운 매너, 우정, 협동심을 겸비한 직원들과는 너무도 대조적인 모습을 보였다. 잡스는 이들에게 상당히 의존했다. 아니, 누구보다도 그들에게 의존했다. 의외로 이러한 팀워크는 잡스를 옭아매거나 통제하기보다, 그가 천재성을 마음껏 발휘하고 애플을 성공적으로 이끄는 데 큰 기여를 했다.

선망의 대상으로 삼는 '고독한 기업가'들 가운데 잡스와 비슷한 경우는 없을까? 고독한 영웅은 어쩌면 상당히 특별한 경우이며, 2~3명 이상이 한 팀이 되어 일하는 것이 일반적이다. 빌 게이츠에게는 폴 앨런Paul Allen(마이크로소프트의 공동 창업주-역주)과 스티브 발머Steve Ballmer(마이크로소프트의 전 CEO-역주)가 있었다. GE의 CEO였던 잭 웰치Jack Welch에게는 수많은 야전 사령관이 있었다. 페이스북 창업자인 마크 저커버그Mark Zuckerberg에게는 셰릴 샌드버그Sheryl Sandberg(페이스북의 COO-역주)가 있었다. 알리바바 그룹 회장인 마윈Jack Ma에게는 루자오시Jonathan Lu(알리바바 전 부회장-역주)가 있었다. 당대 가장 위대한 기업가를 보면 한 명 혹은 그 이상의 사람들이 보이지 않는 곳에서 묵묵히 함께했음을 알 수 있다.

잡스는 자신을 '고독한 영웅'이라 생각했을까? 그가 미국 CBS방송사의 시사 프로그램 「60분60 Minutes」에서 "나의 비즈니스 모델은 비틀스The Beatles다. 네 명의 멤버는 서로의 약점을 보완하며 최고의 하모니를 보여주었다. 멤버 개인보다 팀 전체가 더 뛰어났다. 탁월한 비즈니스 성과 또한 한 사람이 아니라 팀이어야 이룰 수 있다"라고 말한 것으로 보아 세상의 생각과는 다름을 보여줬다.

2

강력한 팀을 만드는 매직 넘버

강력한 팀을 만드는 데 필요한 요소는 무엇일까? 필자들은 이를 알아내기 위해 수렵·채집을 하던 선사 시대부터 지금의 최첨단 시대까지 모두 살펴봤다. 인류는 어떤 도전에 직면하거나 특별한 상황에서만 팀을 조직한 것이 아니다. 인류는 항상 팀을 조직하고 운영하며 살아왔다. 인간은 '반드시' 팀을 조직해야 하는 DNA를 타고났다. 이는 문명 진화에 꼭 필요한 요소였다.

팀을 조직하고자 하는 욕구는 생존 본능과 같다. 심리학자들은 외톨이와 미혼, 고독을 즐기는 사람들은 결혼했거나 사교적인 사람들에 비해 평균 수명이 짧다고 했다.

고고학적 단서에 따르면 초기 인류조차도 항상 무리 지어 살고 함께 사냥했다. 1975년 에티오피아의 하다르 유적에서 230만 년 전쯤으로 추정되는 사냥 무리 화석이 발견됐다. 이는 인류가 인간의 모습을 갖추기 이전부터 이미 무리 지어 다녔음을 보여준다. 인류학자인 리처드 리키Richard Leakey는 에티오피아의 오모-키비쉬 강 근처에서 약 20만 년 전으로 추정되는 인류 화석을 발견했는데, 사용한 도구나 유골로 추정한 결과 친족 집단이나 작은 부족을 형성해 살았던 것으로 보인다.

비슷한 집단 행동은 수렵·채집 시대에서도 목격된다. 남아프리카 남서쪽에 위치한 칼라하리 사막의 산 부시먼San Bushman족은 항상 무리 지어 사냥한다. 독을 묻힌 화살과 창을 들고 며칠씩 사냥감을 찾아다닌다. 사냥감은 주로 1톤이 넘는 일런드 영양Eland이거나 그보다 10배 무거운 코끼리로, 혼자 사냥할 수 없다. 사냥한 짐승을 멀리 떨어진 마을까지 옮기는 데도 일손이 필요하다. 이런 사냥 기술은 네안데르탈인이 매머드를 사냥하던 때부터 사용된 것으로, 그 역사는 더 오래됐다.

농업혁명과 노동의 분업 이후 팀의 중요성은 더 커졌다. 혼자서는 씨를 뿌리고 기르고 거두는 것이 불가능하다. 거둔 곡식을 가공하고 저장하고 분배하고 판매하기 위해서도 함께하는 시스템이 필요했다. 이 외에도 추수, 제분, 굽기, 양조, 운송, 거래, 축산, 순찰, 중재, 시장 관리, 건물 관리, 세금 처리, 분배 등 무수히 많은 과정에서 다른 사람의 손길이 필요하다.

작은 팀이 모여 형성된 노동의 분업도 인류 역사만큼이나 오래됐다. 진정한 의미의 첫 번째 도시였던 바빌론은 이미 6000년 전에 분업과 집단 형태를 갖췄다. 수메르 시대, 이집트 문명, 중국의 황허 문명에서도 상당히 정교한 형태의 노동 분업과 집단 행동이 이루어졌다. 이집트의 파라오도 관료제로 수백만 명의 시민을 다스렸고, 명령은 변방에서 전초 기지까지 순차적으로 전달됐다. 이집트군은 팀 체제하에 전쟁을 치렀고, 피라미드 역시 일꾼과 노예로 구성된 팀이 건설했다.

노동의 분업은 그 후로도 계속되었다. 지난 6000년 동안 문명이 발전하면서 '소규모 핵심 팀' 자체가 등한시된 적은 한 번도 없었다. 오히려 팀은 대규모 조직을 떠받드는 중추적 역할을 했다. 심지어 기원전 480년 크세르크세스Xerxes 대왕이 이끈 페르시아군부터 제2차 세계대전 당시 소비에트 붉은군대Soviet Red Army, 로마 가톨릭 교회, 중국 인민해방군, 직원이 수백만 명인 월마트Walmart에 이르기까지 모든 조직에는 셀 수 없이 많은 팀이 존재한다. 고대 로마 카이사르Julius Ceasar의 군단에서 지금의 IBM에 이르기까지 팀의 규모나 구조는 일관성 있게 유지되어왔다.

팀을 조직하는 이유

인류 역사에서 팀 유형type이나 형태form가 일관되게 비슷한 양상을 보이고 있다는 사실은 우연의 일치가 아니다. 인간은 몇 가지 경우를 제외하고는 홀로 일할 수 없다. 조직의 체계적인 계획하에 인간은 더 큰 성장을 이룬다.

여기에는 두 가지 이유가 있다.

첫째는 '리더십 특성'이다. 리더십 특성을 연구한 전문가들은 이미 수십 년 전에 리더가 성공적으로 통솔할 수 있는 사람을 6~10명으로 잡았다. 아무리 뛰어난 리더라도 팀원 개개인에게 이성적 혹은 감성적으로 관심을 쏟는 데는 한계가 있다. 현명한 리더는 통솔 가능한 범위를 감안하여 보고 라인reporting line을 나누고 팀을 이끈다.

둘째는 '구조적 안정성structural stability'이다. 이는 원자론과 유사하다. 모든 원자는 안정적 속성을 갖고, 그렇지 않다면 다른 원자와의 결합을 통해 안정적인 상태로 돌아가고자 하는 특징이 있다. 사람으로 구성된 팀도 마찬가지다.

일반적으로 두 명으로 구성된 팀이 가장 안정적이다. 단순해 보이지만 모든 인간관계의 기본 형태이기 때문이다. 우정이나 결혼이 그 예다. 최초의 종種이 성분화sexual differentiation와 짝짓기를 시작한 이래 생명체는 한 쌍을 이루도록 유전적으로 정해졌다. 그래서 한 쌍의 팀에 세 번째 구성원이 합류하면 상황이 복잡해진다.

가끔은 3인 팀이 목격되기도 한다. 1970년대에서 1980년대 인텔은 로버트 노이스Robert Noyce, 고든 무어, 앤디 그로브Andy Grove라는 3인 경영 체제를 유지했다. 최근에는 구글이 래리 페이지Larry Page, 세르게이 브린Sergey Brin, 에릭 슈미트의 3인 경영 체제로 성공을 거뒀다. 중국의 통신 장비 업체인 화웨이Huawei는 '순환 CEO 제도'라고 해서 CEO 3명이 6개월마다 번갈아 가며 경영권을 갖는다. 언론의 관심을 극도로 싫어하는 화웨이 창립자이자 회장인 런정페이^{Ren} Zhengfei가 배후에서 지휘하며 안정적인 경영을 유지하고 있다.

3인 체제가 잘 유지되려면 각자의 능력은 달라도 서로 호흡이 잘 맞아야 한다. 구글의 공동 창립자인 세르게이 브린은 구글의 미래 비전을 구상하고, 래리 페이지는 CEO로서 경영 전반을 책임진다. 그 둘보다 15살이 많은 에릭 슈미트 회장은 대외 홍보를 담당한다.

최적의 팀 규모와 마법의 힘

팀 구성원이 3명 이상일 경우는 어떨까? 인사 전문가인 수전 히스필드^{Susan Heathfield}는 "최적의 팀 규모를 규정하기란 쉽지 않다. 각종 사례와 연구 결과에 따르면 5~7명 정도가 최상이다. 가장 효과적인 팀 규모는 4~9명이다. 팀 구성원이 12명이 넘으면 응집력이 떨어진다"고 주장한다.[1]

200만 년 전, 최초 인류가 사냥하는 모습을 상상해보자. 사냥 무리는 12명 정도다. 리처드 리키가 발견한 작은 부족은 24명으로 이뤄졌다. 인류는 지속적으로 같은 규모의 작은 팀을 유지해왔다. 심지어 인터넷이 발달한 지금의 디지털 시대에도 이러한 특징은 사라지지 않았다. 이 같은 특징은 인류가 존재하는 한 계속될 것이다.

수백만 년 전의 '사냥 무리' 숫자는 지금도 큰 의미를 갖고 있다. 소규모 부대의 경우, 영국군은 히스필드가 말한 최적의 숫자에 맞춰 움직인다. 화력조 1개는 4명의 병력으로 구성되고, 화력조 2개는 하사의 지휘하에 8명이 배치된다. 미 육군의 분대^{squad}에는 총 9명이 배치되는데, 소총수 4명으로 구성된 화력조 2개와 하사 1명이다. 미 해병대는 총 13명으로, 소총수 4명으로 구성된 화력조 3개와 상사 1명이 배치된다. 하지만 베트남전과 제2차 세계대전에서는 소모전, 병력 배치 지연, 병력 부족 등으로 분대마다 2명 이상이 부족했다. 병력 구성에서는 전 세계적으로 약간 다르지만 대부분 9~12명이 분대를 구성한다.

군대는 왜 이런 규모를 유지해왔을까? 가장 효과적인 통솔 범위라는 의견도 있지만 실질적인 이유는 따로 있다. 과거 분대 병력은 총성과 포화 속에서도 지휘관이 육성으로 내리는 명령을 잘 들을 수 있어야 했기 때문이다.

과거 로마 군단은 천막을 공유할 수 있는 병력으로 한 분대를 이뤘다. 하지만 지금은 천막 규모에 따른 제약이 사라진 지 오래고, 무전으로도 충분히 교신할 수 있음에도 분대의 병력 수가 늘지 않고 있다. 이는 인간 본질과 관련된 다른 요소가 작동하고 있기 때문이라고밖에 볼 수 없다. 어느 조직이든 소규모 팀을 구성하기에 앞서 이 같은 '마력'을 고려해야만 하는 이유다.

왜 7명이 100명보다 나은가

그 '마력'이란 무엇인가? 다음 장에서 더 자세히 설명하겠지만 인간 뇌의 본질적 특징(특히 단기기억) 때문이다. 심리학자 조지 밀러

George Miller는 〈마법의 숫자 7±2: 정보 처리 능력의 한계〉라는 논문에서 신비의 숫자 7에 대해 설명했다. 그는 단위에 대한 인간의 단기기억 용량이 5~9개라 말했다. 여기서 기억하는 단위란 단순한 개별 아이템의 개수가 아니라 의미로 묶이는 하나의 덩어리다. 우리가 전화번호를 기억하는 방식이 그렇다. 지역번호와 전화번호의 앞뒤 번호를 차례로 외우는 식이다.

최적의 팀 규모가 인간 뇌의 단기기억 용량과 비슷하다는 것은 우연의 일치가 아니다. 인간은 2인 1조나 7±2 영역에서 최상의 팀워크를 보인다. 팀은 대체로 2인 혹은 3인 체제로 가거나, 그 이상인 경우 5~6명이 한 팀을 이룬다.

현대 사회에서도 소규모 팀 구성원은 6~12명이다. 이는 과거에도, 그리고 최첨단 시대를 달리는 현대에도 통용되는 인력 구성 형태다. HR 컨설턴트인 미쉬킨 버타이그Mishkin Berteig는 적절한 팀을 구성할 때 고려해야 할 점을 다음과 같은 사례로 말했다.

지금 당신이 소프트웨어 개발자 100명으로 구성된 팀을 통솔하여 중요한 프로젝트를 추진하게 되었다고 가정하자. 다음 중 어떤 방법이 더 좋을까?

1) 프로젝트 수행 능력, 리더십 등을 고려하여 소프트웨어 개발자 100명을 동시에 투입한다.

2) 프로젝트 수행 능력(관심도 높은)이 뛰어난 7명을 선발해서

업무를 할당한다. 나머지 93명은 해고한다. 그리고 7명에게 팀원 선발과 프로젝트 추진에 필요한 최적의 환경을 마련해준다. 다시 말해 그들이 행복하고 편안하게 일할 수 있는 방법을 찾도록 돕는다.

비록 극단적인 사례지만 1)보다 2)를 선택하는 편이 낫다.[2]

최적의 팀 규모에 대한 논의는 다른 분야에서도 많이 거론된다. 영국의 역사학자 시릴 파킨슨Cyril Parkinson은 1955년 '공무원 수는 해야 할 업무의 유무나 경중에 관계없이 일정 비율로 증가한다'는 파킨슨 법칙Parkinson's Law을 경제 전문지인 〈이코노미스트〉에 발표했다.[3] 파킨슨은 행정 조직(특히 정부 기관)이 비합리적인 심리 작용에 의해 운영되고 있다고 주장했다.

"정부의 일이란 완결에 필요한 시간을 채워나가는 만큼 늘어난다."

파킨슨은 약간 비꼬는 말투로 설명했지만 인간 조직 행동의 실상을 잘 보여주고 있다. 이 법칙은 사회학자나 HR 전문가에게 새로운 도전 과제를 던져줬다. 파킨슨은 이러한 현상이 일어나는 이유를 두 가지 더 덧붙였다.[4]

- 공무원은 원래 부하 직원을 늘리려 한다.
- 공무원은 서로를 위해 일을 만들어낸다.

파킨슨은 대영제국이 빠르게 쇠락하는 기간 중에도 영국의 공무원 수는 업무량과 상관없이 매년 5~7퍼센트 증가했다고 밝혔다.[5] 파킨슨 법칙 덕분에 사회과학자들은 직무에 필요한 공무원의 적정 수를 연구하기 시작했다.

파킨슨은 상당히 유연하게 사고했다. 그는 20명 이하의 팀이 가장 효과적이며, 그 이상이 되면 소규모 팀 여러 개로 나누어야 한다고 주장했다. 하지만 예외도 있다. 그의 경험에 따르면, 8명으로 이루어진 팀은 합의에 이르기 힘들다. 최종 결정을 내릴 사람이 없기 때문이다. 이는 병력 8명으로 구성되는 분대를 생각하면 모순되어 보이지만, 분대에는 최종 명령을 내릴 하사나 상사가 있다는 것이 다르다.

던바의 수 – 150과 1500에 숨겨진 비밀

파킨슨 법칙에 영향을 받은 사회과학자와 인류학자들은 공장에서 부족에 이르기까지 모든 집단을 연구하기 시작했다. 영국계 인류학자 로빈 던바Robin Dunbar도 후터파 교도Hutterite에서 브라질 정글에 사는 야노마모Yanomamo족 등을 연구하며 반복적으로 나타나는 집단의 형태를 발견했다. 던바는 이를 '친밀 집단clusters of intimacy'이라 불렀고, 5명으로 구성된 팀을 '파벌clique', 12~15명으로 구성된 팀을 '공감 그룹sympathy group', 35명 이상을 '무리band'라 불렀다.[6]

하지만 던바가 발견한 것 가운데 가장 놀라운 사실은 이상적 팀 규모에 맞는 적정 구성원 수가 존재한다는 것이다. 엄밀히 말하면 147.8명이지만, '던바의 수Dunbar Number'에 따른 적정 인원은 150명이다. 이 수는 놀랄 만큼 일정한 규칙을 보인다. 예를 들어 야노마모족은 지난 수 세기 동안 부족 구성원이 200명에 이르면 부족을 나눴다. 후터파 교도 또한 신도가 150명에 이르면 집단을 나눴다. 중세 영국의 토지 대장Domesday Book을 보면, 노르만 정복이 이루어졌을 때 웨일스Welsh와 영국British의 마을 단위 평균 주민의 수는 150이었다.

던바의 수가 적용된 사례는 많다. 수백 년간 서방 세계의 중대 company는 병사 150명으로 구성되었다. 페이스북이나 트위터 상에서 가장 교류가 활발한 친구를 손꼽으면 150에서 190명 정도일 것이다. 2000년 영국의 한 가정이 크리스마스카드를 보낸 사람도 평균 153.5명이다. 던바의 수와 비슷한가?

150은 인간이 진정한 사회적 관계를 맺을 수 있는 최대의 수다. 상대방이 누구이며 서로 어떤 관계인지 명확하게 아는 수준을 말하기도 한다. 150명이란 사람은 술집에서 우연히 만나 동석해도 자연스럽게 어울릴 정도의 친밀함을 보인다.[7]

던바는 150이라는 수에 그치지 않았다. 던바의 법칙이 적용된 숫자들을 더 살펴보자.

● 3~5: 친한 친구의 수다. 이는 다른 사회과학자의 의견으로 던

바도 동의했다.

- 12~15: 죽음을 슬퍼할 정도의 친구나 가족의 수다. 이 역시 다른 사회과학자들의 의견으로 던바 역시 동의했다. 던바는 흥미로운 예로 배심원단을 추가했다. 이 집단도 깊은 신뢰를 바탕으로 형성된다. 이는 약간의 배신을 감내할 수 있는 정도의 숫자이기도 하다.

- 50: 새로운 숫자로 역사적 기록을 통해 던바가 발견했다. 호주 원주민이나 남아프리카의 산 부시먼과 같은 수렵·채집인이 사냥에 동원한 인원수다.[8]

- 150: 던바의 수다. 웨일스계 지식경영 전문가 데이브 스노든 Dave Snowden은 이렇게 밝혔다. "친분이 있어 머릿속에서 상대가 누구인지를 생각해낼 수 있는 수다. 그렇다고 상대를 신뢰한다는 것은 아니지만, 상대에 대한 기본 정보는 갖고 있다. 다시 말해 상대의 행동이나 능력을 어느 정도 평가할 수 있다."[9]

- 1500: 이 수는 다른 숫자들과는 약간 동떨어져 보인다. 던바 자신도 이 숫자에 대해 충분한 근거를 설명하지 못한다. 그렇다면 150과 1500 사이에 그 가치와 목적을 제대로 설명하지 못한 수가 존재할까? 던바는 500이라는 숫자도 관계에 대한 설명이 가능하다고 말한다. 이는 '약간의' 친분이 있는 사람의 수와 같다. 1500이라는 수는 역사적 사건이나 최신 사례로 설명 가능하며, 인간의 기본적인 행동과 관련 있다. 예를 들면 군대의 대

대^{battalion} 규모와 비슷하다. 이는 단독으로 작전 수행이 가능한 규모다. 던바가 말했듯이, 수렵·채집 시대에 한 부족의 평균 규모이며, 동일한 언어와 방언을 구사할 수 있는 사람의 수다.

그러나 1500이라는 수는 기업에서 가장 잘 드러났다. HP가 대표적인 사례다. 1950~60년대 HP에는 '최고의 기업'이라는 수식어가 늘 따라다녔다. HP는 20세기 말에 등장한 애플을 연상시킬 정도로 선도적인 IT 기업이었고, 혁신적인 인사 제도(스톡옵션, 이익 배분제, 탄력근무제 등)로 유명했다. 또한 직원 행복지수와 사기가 어떤 대기업과 비교할 수 없을 정도로 높았다.

1957년 HP의 직원이 1500명에 이르자 두 창립자는 직원들과의 관계에 변화가 생겼음을 감지했다. 큰 변화였다. 팩커드는 자서전 《휴렛팩커드 이야기The HP Way》에 "나와 빌이 회사 전반에 대해 알고 직원들에게 일일이 관심을 갖는 것이 점점 더 힘들어졌다"라고 술회했다. 그들은 HP의 사업부를 분사하기로 결정한다. 휴렛은 "그 과정에서 우리는 HP를 독립사업부 몇 개로 나누어 운영할 계획을 세우게 됐다. 그때 HP는 1500명에 가까운 직원이 있었는데, 우리는 너무 방대해졌다고 생각했다. 사업부 2~3개로 나누어야 직원에게 개인적 관심을 쏟을 수 있었다"라고 말했다.

그 후 HP는 사업부 직원이 1500명에 이르면 분사를 단행했다. 이를 계기로 HP는 1960~70년대에 '가장 민첩하게 변화에 대응하는 대기업'으로 각광받았다. 또한 수많은 기업이 빌과 데이브가 직관적으로 감지하고 특유의 결단력으로 실행한 계획을 벤치마킹하기 시작했다. 요즘 많은 글로벌 기업은 일반적으로 한 사업부에 통상 1500명의 직원을 둔다.

1500명이 넘는 조직은 나눠라

던바의 수를 다시 살펴보자. 5는 가장 친한 친구와 지인(파벌)으로 단기기억의 한계 수와 일치한다. 15는 어떤 대소사에도 깊은 신뢰를 바탕으로 친분을 유지하는 집단(공감 그룹)을 나타낸다. 50은 소규모 친족 집단이나 부족을 말하며 위험 지대도 함께 갈 수 있는 집단(무리)이다. 150은 공동체를 형성하며 살 수 있는 최적의 규모(우정 집단)로, 구성원 개개인의 특징과 행동을 기억할수 있다. 500은 인사 정도를 하며 약간의 친분을 가진 사람(일반 집단)의 수다. 1500은 장기기억 한계 수로, 이름을 들으면 겨우 아는 정도(공동체)를 말한다.

1500이라는 숫자가 왜 중요한지가 분명해졌다. 150명 정도로 구성된 마을에서는 길을 걸을 때 마주치는 사람들을 모두 알기 때문에 누구나 편안하게 길을 간다. 잠재 위협으로 느껴지는 외부인도 바로 알아볼 수 있다. 이웃이 500명으로 늘어나면 그 편안함이 어느 정도 사라진다. 아는 사람을 마주치더라도 오랫동안 이야기하지 않고 지낸 사이일 수 있기 때문이다. 외부인은 쉽게 눈에 띈다. 이

웃이 1500명으로 늘어나는 순간 그 편안함은 사라진다. 이제는 난생처음 보는 사람과도 마주치게 되고, 이 세상이 더 이상 안전하지만은 않다는 것을 실감한다.

빌과 데이브는 1940년대 후반, 전 직원 이름을 하나씩 호명하며 크리스마스 보너스를 나누어주던 전통을 끝내야 했다. 1950년대 초, 모든 직원이 팔로 알토의 페이지 밀 로드에 있는 HP 건물에 상주했고, 두 창립자는 얼굴만 알고 이름을 모르는 직원들과 인사를 나누고 다녔다. 1950년대 후반, 두 창립자는 전혀 안면이 없는 직원들을 회사에서 마주치고, 그들이 HP 직원이라는 사실을 사원증으로만 알기에 이른다. 그들은 과감하게 분사를 단행했다.

1980년대 후반, HP는 40개 이상의 사업부에 각각 1500명의 직원을 둔다. 그 후로도 사업부는 계속 확장되었다. HP는 심지어 최대 1500명까지 수용 가능한 건물과 설비 도면을 고안했다.

다른 기업들도 HP의 성공 사례를 본받아 이 모델을 따라 했다. 일본 소니의 PC 사업부 직원도 1500명이다. 우연의 일치는 아니겠지만 1500이 중소기업의 최대 종업원 수다. 페이스북, 구글, 트위터 등과 같은 기업들도 주식 상장 즈음 직원이 1500명에 이르렀다. 주식 공개 후 불가피하게 생길 수 있는 여러 가지 변화가 공동체의 경계와 깊은 연관성이 있음을 알 수 있다. 이들 기업의 한 직원은 "주식 공개 이후 회사 분위기가 예전과 많이 달라졌다. 이제는 더 이상 헌신적인 직원들을 찾아보기 힘들어졌고 가족적인 분위기도 사라졌다. 자신의 이익과 경력에만 신경 쓰는 직원들로 가득 차게 됐다"
고 아쉬움을 토로했다.

▍네트워크의 수학

팀을 구성하는 데 필요한 수의 사례를 살펴봤다. 하지만 팀 구성
을 좌우하는 '구조적 힘structural force'이 하나 더 있다. 이를 '네트워
크의 수학mathematics of networks'이라 한다.

제1장에서 밝힌 멧캘프의 법칙이 유용한 것은 사용자가 인터넷
상에서 단독보다 수십억 개의 새로운 연결관계를 형성하며 움직이
기 때문이다. 관계를 맺는 사람의 수에 따라 연결관계가 어떻게 증
가하는지 살펴보자.

2명 = 1개의 연결

3명 = 3개의 연결

4명 = 6개의 연결

5명 = 10개의 연결

6명 = 15개의 연결

16명 = 120개의 연결

32명 = 496개의 연결

이 숫자로 공식을 만들면 N(N-1)/2가 된다. 여기서 N은 팀원의

수다. 사람이 늘어날수록 연결의 수는 더 크게 증가한다(던바의 수 1500은 1,124,250개의 연결관계를 만든다). 그런데 문제가 있다. 인간은 상당히 적은 수의 인간관계만을 맺을 수 있다는 사실이다. 따라서 팀원의 수가 증가할수록 응집력을 잃는다. 대부분의 사람은 대여섯 명과 지속적 관계를 유지하며 지낸다. 12명 이상이 되면 관계 유지가 힘들어진다.

그렇다면 50은 어떨까? 얼굴과 이름을 천부적으로 잘 기억하는 사람조차도 힘들다. 소셜네트워크, 문자 서비스, 광대역 인터넷 서비스, 글로벌 무선 통신이 가능한 오늘날에도 수백 명의 사람과 긴밀한 관계를 유지할 만한 시간이나 여력이 없다.

이런 이유로 규모가 큰 팀의 성공 가능성은 낮다. 하버드 대학교 심리학자인 리처드 해크먼Richard Hackman은 "큰 팀은 결국 모든 사람의 시간을 낭비하는 결과를 낳는다"고 말하며 다음과 같은 설명을 덧붙였다.[10] "규모가 큰 팀이 더 많은 인적자원을 확보하고 있기 때문에 작은 팀보다 좋은 성과를 거둘 것이라고 생각하면 오산이다. 팀 규모가 커질수록 관리해야 하는 연결관계의 수가 기하급수적으로 증가하기 때문에, 팀은 결국 관계 관리에 큰 어려움을 겪는다. 나는 팀을 두 자릿수의 구성원으로 만들지 않는다. 내 수업을 듣는 학생 대부분은 여섯 명 이내의 팀으로 구성된다."[11]

인간은 특정 수로 팀을 구성하도록 타고났을 뿐 아니라 조합론 combinatorics(유한하거나 가산적인 구조들에 대해 어떤 주어진 성질을 만족하는 것들의 가짓수나 어떤 주어진 성질을 극대화하는 것을 연구하는 수학 분야-역주)의 영향을 받기도 한다. 조합론으로 관계의 정도가 '친분이 있는 상태'에서 '그냥 아는 사이'로 전락하기도 한다. 지난 몇 년간 많은 기업과 조직은 첨단 정보 프로그램이나 경영 기법에 많은 예산을 쏟았지만 오히려 경쟁력을 잃는 경우가 많았다. 아무리 성공 가능성이 높은 계획이라도 '인간의 본성'이라는 큰 벽을 충분히 고려하지 못했기 때문이다.

팀 예술에서 팀 과학으로

인간관계의 법칙이 위대한 팀을 구성하는 데 제약 요소로 작용한다면 인터넷과 같은 기술의 힘을 빌려 관계를 더 효율적으로 관리할 수 있지 않을까?

인터넷, 센서 기술, 소프트웨어 분석이 낳은 최대의 성과는 '빅데이터big data'다. 빅데이터는 다른 첨단 기술이 그랬던 것처럼 지나친 관심 속에 약간 부풀려지긴 했지만 자연이나 사회 현상을 바라보는 관점에 큰 변화를 일으킨 것은 사실이다. 특히 표본 추출sampling의 중요성이 약화되었다. 모든 현상을 전부 측정하는 것이 불가능한 과거에는 '통계'라는 학문이 중요했다. 통계란 표본 추출 후 수학적 기법을 활용해 상관관계나 오류 가능성을 측정하여 일반화할 수 있는 결과를 추정하는 것이다.

이제 빅데이터가 그것을 바꾸어놓았다. 고화질 위성 이미지부터 초소형 반도체 센서와 클라우드를 통한 일일 거래 내역 조회 등에 이르기까지 인류 역사상 처음으로 지구 상의 거의 모든 것(바닷속을 헤엄치는 물고기, 아마존에 있는 나무, 월마트 매장에서 구입한 내역, 매장을 방문한 쇼핑객, 지구에 부는 거센 바람이나 우리 신체에 있는 혈액 세포 등)을 측정할 수 있게 되었다.

더 놀라운 점은 최신 컴퓨터 기반 분석 툴을 활용해 메타데이터 meta data(데이터에 관해 구조화된 데이터로, 다른 데이터를 설명해주는 데이터-역주)를 포함한, 가공되지 않은 엄청난 양의 로데이터raw data 분석이 가능해진 것이다. 이로써 자연현상(기후의 중장기적 변화, 동물의 종, 인간 행동, 전염병 등)뿐 아니라 데이터로 설명이 불가능한 대부분의 현상(예를 들면 어린아이의 행동과 60년 후 암에 걸릴 확률의 연관성)까지도 설명이 가능해졌다.

빅데이터 시대가 도래하자 대규모 조사 진행이 가능해졌고 기업의 관심 또한 급증했다. 최근에는 채용 시장에서 빅데이터를 활용하는 산업도 등장했다. 기업과 정부기관은 빅데이터를 기반으로 해당 직무에 적합한 인재를 추천받는다. 단순한 검색이 아니라 지원자 개개인에 대한 정보를 가능한 한 많이 취합하여 선별한다. 여기에는 학교 성적, 성격 검사, 과거 업무 실적까지 포함된다. 지난 몇 년간 이 산업은 수십억 달러 규모로 급성장했다. 사실 인터뷰 몇 번으로 직원을 뽑는 것보다 훨씬 더 신뢰할 만한 방법이다.

IT 기업인 하이어뷰HireVue의 CEO 마크 뉴먼Mark Newman은 2014년

〈포브스〉에 "사람들은 채용할 때 자신의 직감이나 기억에 상당히 의존한다. 하지만 누가 '올해의 직원'으로 뽑힐 인재인지, 누가 면접을 진행하면 적절한지를 판단할 만한 데이터는 너무 부족하다"고 말했다. 또한 〈월스트리트저널〉과 〈앙트러프러너〉는 빅데이터를 활용한 채용의 서막을 알리는 칼럼을 싣기도 했다.

우리는 빅데이터를 채용에까지 활용하는 시대에 살고 있다. 그럼에도 팀을 조직하고 운영하는 데는 여전히 실증적 데이터 없이 예감이나 직감, 혹은 경험에 의존하고 있다.

이제 변화가 필요하다.

3

팀에 관한 과학적 접근

지금까지 살아오면서 경험했던 최악의 팀을 떠올려보자. 혹시 기억하고 싶지 않은 경험이 있는가? 그렇다면 즐거웠던 기억은 없었을까? 손발이 척척 맞았던 팀(아이 스포츠단, 비밀 친구 모임, 스카우트 팀, 대학 동아리, 사내 팀 등)이 주마등처럼 떠오르는가? 이렇게 강한 애착을 가진 팀에 속했던 적이 있었다면, 팀에서의 활동이 삶의 일부처럼 느껴지기도 할 것이다. 이런 팀은 대부분 목표 이상의 것을 성취했을 가능성이 높다. 팀 활동이 끝난 후에도 구성원들은 친구가 되기도 한다.

협력은 본능이다

팀에 관한 연구에서 기본적인 질문은 "인간이 선천적으로 협력을 잘하는가?"다. 자신과 잘 맞는 팀에 배정되기만 하면 누구나 최고의 역량을 발휘할 수 있을까? 21세기 저명한 뇌과학자들의 연구에 따르면 불가능한 것만은 아니다.

인간의 뇌는 진화론적으로 다른 사람의 생각이나 감정에 적응하며 서로 협력하도록 설계되어 있다.[1] 저명한 심리학자인 대니얼 골먼Daniel Goleman은 "인간은 서로 관계를 형성하도록 유전적으로 프로그램되어 있다"고 주장했다. 즉, 다른 사람과 어울리면서 뇌와 뇌 사이에서 친밀감이 형성된다는 말이다.

사랑과 우정, 신뢰가 쌓일수록 인간 면역 체계를 지배하는 유전자가 활성화되어 뇌와 신체에 긍정적 영향을 끼친다. 건전한 '관계'는 건강에 이롭고, 그 반대는 해롭다. 생각을 조종하는 것은 뇌고, 생각은 신체 움직임을 통해 행동으로 나타난다. 사람의 뇌가 몸무게에서 차지하는 비중은 다른 동물들과 비교해 상대적으로 높으며 뇌는 인체 내 포도당의 25퍼센트, 산소의 20퍼센트, 심박 출력의 15퍼센트를 필요로 한다.[2] 이런 왕성한 뇌 활동은 인간의 사회적 욕구와 결합하여 고차원적 사고와 지각 능력을 촉발한다.

뇌 활동을 사회적 관계 차원에서 살펴본 이론이 '사회적 지능 가설social intelligence hypothesis'이다. 사회적 관계를 형성할 때 생기는 다양한 요구를 선별하는 과정에서, 인간과 영장류에서 발견되는 고차원적 인지 능력이 발달한다는 것이다. 인류는 태곳적부터 여러 환경적 요인(대초원에서의 사냥, 멸종 위기, 빙하 시대 등)으로 인해 다양한 방법으로 협력하면서 생존해왔다.

아일랜드 더블린에 위치한 트리니티 칼리지의 진화 미생물학자 루크 맥널리[Luke McNally] 연구팀이 진행한 시뮬레이션 실험에 따르면, 인간의 인지 능력은 문제를 함께 해결하는 상황에서 더 발달한다.[3] 인간은 협력으로 더 똑똑해진다는 것이다.

흥미로운 점은 모든 생명체가 협력한다는 것이다. 어떤 이들은 복잡한 모든 생물학적 체계(게놈에서 글로벌 공동체에 이르기까지)가 진화를 위해 협력한다고 주장한다. 물론 '동물의 왕국'에서도 협력은 흔히 목격된다. 하지만 의도적 협력이 왜 인간 사회에서 유독 더 많이 발견되고 복잡한 양상을 보이는가는 자세히 살펴볼 필요가 있다.

인류는 역사의 95퍼센트를 수렵이나 채집 활동으로 보냈다. 수백만 년 전 동아프리카와 남아프리카 일대에 서식했던 초기 인류 오스트랄로피테쿠스[Australopithecus]의 친족 활동에서 몇 가지 단서를 찾을 수 있었는데, 화석을 통해 집단 거주 패턴을 분석해보면 친족관계였던 수렵·채집 집단은 혈연관계와는 상관없이 사회적 학습을 통해 협력의 문화를 발전시켜온 것으로 밝혀졌다.[4]

하지만 이러한 성향이 어디에서 왔는지는 명확하지 않다. 일례로 순차적 문제 해결 능력을 알아보기 위해 꼬리감는원숭이, 침팬지, 어린이 등으로 팀을 짜서 비교 연구를 진행한 프로젝트가 있었다. 세 단계로 나누어 풀 수 있는 실험 퍼즐 박스를 각 팀에 나누어주고, 문제를 빨리 해결하는 팀에 커다란 보상을 했다.

무슨 일이 벌어졌을까? 지능이 가장 낮은 꼬리감는원숭이 집단,

지능이 중간인 침팬지 집단은 모두 협력 없이 혼자서 문제를 풀어 나갔다. 반대로 어린이들은 서로를 가르치고 의견을 교환하며 문제를 풀었다. 당연히 어린이 집단이 가장 빨리 퍼즐을 풀었다.[5]

일반적으로 인간은 개인적 성향이 강하다고 알려졌으나 실제로는 오히려 협력적이다. 물론 이익 앞에서는 개인적 성향을 강하게 드러내기도 한다. 그러나 '자원 분배 실험'을 해보면 본능적으로 협력하는 모습을 확인할 수 있다. 자원 분배 실험은 합리적으로 판단하기 어려울 만큼 제한된 시간을 주고 실험 대상자에게 자원을 분배하도록 하는 것이다. 인간은 심사숙고할 시간이 충분히 주어진 경우보다 빠른 결정이 필요한 급박한 상황에서 어쩔 수 없이 협력한다.[6] 시간이 충분하면 자신의 실속을 챙기기 때문이다.

▌인간의 뇌는 협력을 위해 진화했다

선천적 친사회성은 사회규범에도 잘 나타난다. 규범은 인간만이 갖는 특징이다.[7] 사회규범은 법적 효력 없이도 자연스럽게 형성된다. 규범이란 법이나 규제가 없는 상황에서도 인간이 허용할 수 있는 사회적 행동을 말한다.[8] 새벽 3시에 경찰이나 다른 차량이 없는데도 신호등 앞에서 대기하는 사람을 떠올려보라. 지켜보는 사람이 없어도 상점에서 물건을 몰래 가져가는 사람은 거의 없다.

이는 개인에게만 국한된 이야기가 아니다. 전 세계 문화에 대한 민족지학적 연구에 따르면, 수렵·채집인부터 현대 사회 시민에 이르기까지 모든 단체에는 다양한 사회규범이 존재했다. 식량 배분, 협력, 신뢰 등이 이에 해당되며 이런 행동들은 모든 조직에서 목격된다.[9]

브리티시컬럼비아 대학교의 조 헨리히Joe Henrich 교수는 인간이 가진 인지 근원을 찾기 위해 수년간 연구했다. 이 중에는 소규모 공동체 15개에 대한 사회적 행동 연구가 있었다. 여기에는 약탈자, 유목민, 아프리카, 남미, 인도네시아 등의 정착 농업 공동체가 포함됐다. 그들은 공동체 사회규범이 외부인을 대하는 행동에 영향을 준다는 사실을 알아냈다.[10]

더 흥미로운 점은 특정 공동체에 소속된 개인이 외부인에게 '최후 통첩 게임'(두 명의 참여자가 등장해 돈을 분배한다. 1번 참여자가 돈을 어떻게 분배할지 제안하면, 2번 참여자는 이를 받아들이거나 거절할 수 있다. 2번 참여자가 '수용'을 선택하면 1번 참여자의 제안에 따라 돈이 분배되지만, '거절'을 선택하면 두 사람 모두 한 푼도 받지 못한다-역주)과 같은 방식으로 자원을 분배한다는 것이다. 헨리히는 페루의 마치구엔가Machiguenga 족의 경우 가족 외의 사람들과는 거의 교류하지 않지만 소유한 자원의 26퍼센트를 최후 통첩 게임 방식처럼 외부인들에게 할당하고 있음을 알아냈다. 반대로 인도네시아 라마레라Lamalera의 고래잡이들은 소유한 자원의 58퍼센트를 외부인을 위해 사용했다.

자원뿐 아니라 경험을 공유한 사실도 목격된다. 역사학자인 윌리엄 맥닐William McNeill은 저서 《보조를 맞춰 행동하기Keeping Together in Time》에서, 통일된 움직임과 이를 통해 생긴 단결심이 인간을 하나로 단합시키는 힘이라고 말했다.

맥닐은 고대 마을의 민속춤부터 현재의 군사 훈련에 이르기까지 일사불란한 움직임은 단합뿐 아니라 구성원들의 협력, 결속, 생존에 필요한 역량을 강화한다고 주장했다.[11] 아프리카의 부족춤이야말로 단합력과 결속력을 잘 보여주는 예다. 신병훈련소에서 비슷한 경험을 한 사람도 많을 것이다.

인간의 몸은 뇌와 일치하려는 경향이 있다. 이 같은 일치감은 사람 사이에서도 일어난다. 집단 행동을 하는 새 무리와 유사하다. 일부 연구는 인간이 행동 일체감을 보이기 위해 정보를 매우 빠르게 교환하며 함께 행동한다고 주장한다.[12]

물론 다양한 물리적 한계가 존재하지만 스카이프Skype와 같은 화상회의 시스템은 사람 간의 일치감을 쉽게 만들어준다. 사회신경과학 실험에 따르면, 인간은 스크린을 통한 시각적 정보 교환만으로도 빠르고 자연스럽게 상대와 일치감을 느낀다. 더 놀라운 것은 상대방이 시야에서 사라져도 비디오 교류의 잔상 때문에 일치감이 계속된다는 것이다.

인간은 사회적 교류를 통해 변한다.[13] 영원히 지속되지는 않겠지만 짧은 교류도 인간의 행동을 충분히 변화시킬 수 있음을 보여준다.[14] 앞서 소개했던 인류학자인 로빈 던바는 '사회적 뇌social brain'라는 가설을 발표했다. 인간 지능은 인간관계가 복잡할 때 더 효과적으로 기능한다는 것이다.[15] 그의 동료는 "사회적 뇌 가설에 따르면, 인간의 뇌는 다른 사람과의 관계에 대해 생각하고 그 관계를 유지하기 위해 더 많이 진화했다"라고 덧붙였다.[16]

인간의 뇌는 똑똑해지기 위해서가 아니라 다른 인간과 협력하기 위해 커진 것이다.

협력을 촉진하는 호르몬, 옥시토신

포유동물에서 발견되는 호르몬인 옥시토신oxytocin은 뇌의 신경조절 물질로 시상하부에서 분비되고 뇌하수체(뇌의 가운데에 위치하는 내분비기관. 시상하부의 지배를 받아 우리 몸에 중요한 여러 가지 호르몬을 분비한다-역주)에 저장되어 있다. 출산할 때도 분비되는데, 자궁의 민무늬근을 수축시켜 진통을 촉진하고 분만이 쉽게 이루어지게 한다. 수의학에서 분만과 수유를 유도하는 데 사용된다.

옥시토신이 인체에 미치는 영향은 크다. 엄마와의 유대감, 불안, 성적 흥분 등을 유발한다. 하지만 옥시토신의 가장 중요한 역할은 인간의 '사회적 뇌'를 구성하는 기본적인 신경생물학적 요소라는 것이다.[17]

특히 옥시토신은 성인 한 쌍의 결합과 사회적 행동을 조율하는 중요한 화학물질이다.[18] 이는 긍정적인 사회적 신호(이 호르몬을 투여하면 사람의 표정을 더 빠르고 정확하게 포착할 수 있게 된다)를 쉽게 받아들이게 한다. 동시에 사회적 회피 행동과 관련된 위협 신호를 감소시키는 역할을 한다.[19] 옥시토신 분비가 증가하면 사회적 교류가 원활해지고, 모든 정보에 대한 긍정적 교류가 확대되며, 집단 내 신뢰 관계가 강화된다.[20]

지금까지의 내용으로 보면 옥시토신은 '사랑의 묘약'처럼 느껴진다. 하지만 긍정적인 효과만 있는 것은 아니다. 연구진은 이 호르몬이 가진 부정적 특징도 발견했다. 옥시토신은 외집단(규범, 가치, 습관, 태도 등에서 자기와 공통성이 없는 타인들로 이루어진 집단)에 상당한 공격성을 보인다.[21] 이는 배타적인 자기 민족 중심주의의 원인이 되기도 하다.

협력, 연민, 상호 교류는 성공적 팀워크의 필수 요소다.[22] 이 같은 친사회적 감정은 신경생리학적 과정에서 발생하는데, 이는 옥시토신과 바소프레신(시상하부에서 만들어지고 뇌하수체 후엽에서 저장, 분비되는 펩티드 호르몬으로, 신장에서 물을 재흡수하고 혈관을 수축시키는 기능을 한다-역주)에 의해 활성화된다.[23] 이 호르몬과 관련된 일화는 7억 년 전 동물에서도 찾아볼 수 있다.[24]

한 연구에 따르면, 두 명이 사회적으로 중요한 관계를 맺을 때 분비되는 옥시토신의 양은 그 쌍의 상호 작용 수준에 달려 있다.[25] (초기에는 이성 관계의 애착에 중점을 두어 연구가 진행되었는데 팀 활동과 짝짓기가 밀접한 관련이 있음을 알 수 있었다.) 상호 작용이 활발할 때 분비되는 옥시토신은 다시 집단 내 신뢰와 협력을 높인다.[26]

옥시토신이 인체에 미치는 다른 영향은 스트레스에 대한 생리학적 반응을 억제한다는 것이다.[27] 사람은 팀에 소속되어 있다는 사실만으로도 스트레스를 덜 받고 행복감이 커진다. 이는 부차적 효과가 아니라 완연한 인간의 모습을 갖추는 데 반드시 필요한 요소다. 심리학자들은 어렸을 때 부모와 헤어진 아이는 어른이 되어서도 옥시토신 수용체 감도가 일반 어른과 다를 수 있다고 말한다.[28]

심리학자 릭 오고먼Rick O'Gorman과 케넌 셸던Kennon Sheldon, 진화생물학자 데이비드 윌슨David Wilson은 자연선택이 선천적으로 친사회적 특징을 가진 사람들을 선호한다고 주장한다. 집단은 종족 번식의 확률을 높이기 위해 이타적이고 사회적 본분에 충실하고자 하는 사람들을 선호하는 동시에, 무임승차를 하거나 이기적인 사람들을 처벌하거나 따돌린다는 것이다.[29]

▌리더의 감정과 행동을 그대로 배운다, 거울 뉴런

거울 뉴런의 발견은 지난 수십 년간 신경과학계가 해온 어떤 연구 결과보다 의미하는 바가 크다. 이는 언어의 진화, 감정적 공감, 개인이 가진 사회적 정체성 등과 같은 역설적 사회 현상을 이해하는 데 도움이 되었다.[30]

거울 뉴런은 뇌에 있는 신경세포로, 뇌의 주인이 관찰한 다른 사람의 행동을 따라 하게 한다. 특히 한 사람의 행동을 관찰하면 그 행동을 대표하는 뉴런이 관찰자의 전운동 피질에서 활성화된다.[31] 관찰한 행동을 반사적으로 따라 하면서 시각 정보를 지식으로 변환

하는 것이다.[32]

TV로 운동 경기를 보다가 야구 타자가 공을 친 소리에 자리에서 벌떡 일어나고, 골프 선수의 아슬아슬한 롱 퍼트에 주먹을 꼭 쥐는 상황을 생각해보면 거울 뉴런의 역할을 이해할 수 있다. 왜 인간은 이런 행동을 할까? 친숙한 동작을 보면 거울 뉴런이 반응하기 때문이다.

더 나아가 자신이 직접 경험한 운동 경기를 관람할 때는 운동신경도 함께 반응한다. 격렬한 장면을 시청하다 보면 거울 뉴런은 미미하지만 맥박 수를 상승시킨다. '관람하는 뇌'가 곧 '관여하는 뇌'로 변하는 것이다.

로마 라사피엔차 대학교의 교수이자 의사인 살바토레 아글리오티Salvatore Aglioti의 연구 결과에 따르면, 운동 경기 관람객은 자신의 실제 운동 경험을 바탕으로 반응한다. 이는 실제로 할 줄 아는 운동 경기를 관람할 때 쾌감이 최대화되는 이유다. 거울 뉴런은 경험에 민감하다.

물론 거울 뉴런이 사람들을 열광적인 스포츠 팬으로 만들기 위해 진화한 것은 아니다. 이 시스템은 사회를 인지하고, 다른 사람의 정신과 행동을 이해하고 공감하며, 배우기 위해 진화했다.

1980년대에 거울 뉴런이 발견된 것은 뜻밖의 행운이었다. 이탈리아 신경과학자들은 원숭이가 팔을 올리면 원숭이 뇌에 있는 특정 세포가 반응하는 것을 알아냈다. 그런데 더 놀라운 사실은, 어느 날 실험실 조수가 자신의 팔을 들어 올리자 원숭이의 동일 뇌세포에서 똑같은 반응이 나타났다는 것이다. 연구진은 다른 사람의 행동을 따라 하거나 거울처럼 반영하는 뉴런이 뇌 회로의 일부라는 것을 알게 되었다.[33]

거울 뉴런의 발견은 팀 구축 방식과 리더십 작동 원리를 이해하는 실마리가 된다. 거울 뉴런은 수초 내에 다른 사람의 감정이나 행동을 따라 할 수 있게 만든다. 또한 공동체에 순응하고 공동의 경험을 즉각적으로 느끼게 한다. 이는 리더십을 설명하는 데 중요한 요소다. 부하 직원은 리더의 명령에 따라 행동하기보다, 리더의 감정이나 행동을 거울 삼아 따라 하기 때문이다.[34]

뛰어난 리더는 선천적으로 혹은 경험적으로 뇌의 상호 연결성을 어떻게 활용해야 하는지 잘 알고 있다. 어떤 이는 상당 기간 리더로서 경험을 쌓으며 이런 자질을 연마한다. 하지만 어떤 이는 높은 사회 지능으로 다른 사람이 일을 더 잘할 수 있도록 동기 부여하는 능력을 갖고 태어나기도 한다.[35]

잘 웃고 유머 있는 리더는 팀 분위기를 좋게 만든다. 이는 팀워크에도 긍정적 영향을 준다. 팀워크가 좋은 팀은 그렇지 못한 팀보다 더 나은 성과를 낸다. 최고의 성과를 내는 리더는 그렇지 못한 리더보다 부하 직원이 즐거운 환경에서 일할 수 있는 분위기를 두 배 이상 자주 만드는 것으로 알려졌다.[36] 웃음이 창의력과 신뢰감을 높이기 때문이다.[37] 더 놀라운 것은 유머가 사람들을 발표나 대화에

더욱 몰입하도록 유도한다는 것이다.[38]

이런 발견은 실제 리더에 대한 실험을 통해 더 설득력을 갖게 되었다. 리더가 행복해 보이면 부하 직원의 '창의성'이 개선된다. 반대로 리더가 불행해 보이면 부하 직원의 '논리성'이 개선된다. 팀장이 행복해 보이면 팀원은 해방감을 느끼며 신선한 아이디어를 내놓는다. 하지만 팀장이 불행해 보이면 팀원은 움츠리고 '생존 모드'에 돌입하며 논리적 사고와 활동을 촉진한다.[39] 긍정적 감정이 더 협조적이고 화해적인 행동을 낳는 것은 부인할 수 없다.[40]

부작용도 있다. 긍정적 감정과 부정적 감정에는 기간의 차이가 있기 때문이다. 자신의 경험을 떠올려보면 쉽게 이해할 수 있다. 사람들은 긍정적이고 행복했던 순간보다 부정적이고 번거로웠던 일을 더 생생하고 오래 기억한다.[41] 좋은 기억은 짧은 반면, 나쁜 기억은 평생 남는다.

다행스럽게도 거울 뉴런 덕분에 긍정적이고 친사회적인 행동은 남에게 전달된다.[42] 친사회적이고 협력적인 행동을 목격한 사람은 그러지 않은 사람보다 더 도덕적으로 행동하는 경향을 보인다.[43] 또한 남을 도와주는 행동을 목격한 사람은 다른 일에서도 남을 쉽게 돕는다.[44] 자신의 바른 행동이 주위 사람을 더 긍정적인 방향으로 이끈다.[45]

신체 접촉은 팀워크를 촉진한다

리더십 전문가들은 다른 사람에게 도움을 받으면 감사를 표하고, 잘한 일을 칭찬하라고 가르치고 있다. 한 연구에 따르면, '감사의 표시'는 구성원 간의 친밀감을 높인다.[46] 팀 리더가 감사의 뜻을 전하면 구성원의 소속감이 높아진다는 것이다. 또한 팀을 하나로 뭉치게 하는 친사회적 행동도 촉진된다.[47]

감사를 비언어적 표현과 병행하는 것도 효과적이다. 상대의 등을 쓰다듬거나 가볍게 껴안는 것만으로도 뇌의 전두엽에 있는 보상 영역이 작동해 옥시토신의 분비를 자극하고, 친사회성과 집중을 관장하는 미주신경(인체에서 가장 긴 신경으로, 심장, 인두, 성대, 내장 등에 폭넓게 분포하며 부교감신경 및 감각, 운동신경 역할을 수행한다-역주)을 흥분시킨다.[48] 이런 특징을 고려해보면 '신체 접촉'은 구성원의 협동심을 촉진하는 것이 분명하다.[49] 그래서 팀워크 관련 세미나를 가면 손을 잡거나 끌어안게 하는 것이다.

팀워크에서는 평판 또한 중요하다. 조직과 사회 집단을 연구해보니 팀원 사이에서 평판이 아주 빠르게 형성되고 퍼져간다는 것이 밝혀졌다.[50] 얼마나 빠를까? 팀을 조직하면 모든 팀원이 일주일 만에 누가 '협력자 타입'이고 누가 '무임승차 타입'인지 알게 된다.[51]

팀 활동에서 긍정적 평판은 매우 중요하다. 실험에 따르면, 친사회적이고 호의적인 평판을 듣는 팀원은 다른 팀원들보다 긍정적 평가를 많이 받는다. 긍정적 평가는 다시 더 많은 지원으로 이뤄지고,

평판이 좋은 팀원이 향후 리더로 성장할 가능성도 높아진다.[52]

팀워크가 좋은 팀에 소속되어 있는 것은 건강에도 이롭다. 최근에는 환자 30만 명 이상을 대상으로 연구를 실시했는데, 사회성이 부족한 사람은 그렇지 않은 사람에 비해 사망 가능성이 50퍼센트 높았다.[53] 외로움이 가장 큰 이유였다.

팀에 소속되어 있으면 행복, 슬픔, 분노, 좌절 등을 쉽게 느끼지만 외롭다는 생각은 거의 들지 않는다. 버지니아 대학교의 사회학자 브래드 윌콕스Brad Wilcox는 〈애틀랜틱〉 2013년 5월호에서 자살은 외로움과 밀접한 관련이 있다고 밝혔다. 현대인은 개인주의 성향이 강하지 않으며, 남녀 모두 옆에 조력자가 없을 때 자살할 확률이 높아진다는 것이다.

생리학·행동학적 조사에 따르면 외로운 사람은 숙면을 취하지도 못한다.[54] 나이와 상관없이 외로운 사람은 면역 체계가 약하고 바이러스성 호흡기 질환에 걸릴 위험도 높다.[55]

또한 개인은 혼자 일할 때보다는 단체로 일할 때 더 많이 배운다.[56] 다른 팀원과 합일점을 찾아가는 과정에서 구체적인 결과에 이르기 때문이다. 반대 의견을 조율하는 과정에서 자신의 결점을 찾기도 한다. 어떤 피드백도 없이 홀로 일하는 것보다는 다른 사람의 도전을 받는 편이 좋다.[57] 토론 과정에서 반대 의견이 많았는지, 서로 합의했는지 여부는 그다지 중요하지 않다. 중요한 사실은 반대 의견 앞에서 혹은 합의에 이르는 과정에서 토론했다는 것이다.[58] 건강한 토론은 협력을 촉진하는 동시에 구성원의 건강을 개선한다.

팀워크 측정하기

최근에는 팀워크를 실제 상황에 어떻게 접목해야 할지에 관한 연구가 활기를 띠고 있다. 그 결과는 꽤 흥미롭다. 이제는 팀워크를 과학적으로 밝힐 수 있게 되었다. 최근 팀워크에 관한 이론을 살펴보면 다음과 같다.

사회측정학

보디 랭귀지와 같은 비언어적 소통은 여전히 중요하다. 언어가 발달하기 전부터 인간이 사용했던 다양한 생물학적 신호는 여전히 인간 생활 깊숙이 남아 있기 때문이다.

매사추세츠 공과대학교 인간역학연구소Human Dynamics Laboratory의 알렉스 펜틀런드Alex Pentland 소장은 사회측정기sociometer로 실제 조직의 소통 패턴과 팀 생산성에 관한 자료를 모았다. 사회측정기는 웨어러블 전기 센서로 면대면 대화, 대화 시간, 타인과의 신체적 근접성, 신체적 활동 수준 등을 목소리, 신체의 움직임, 상대적 위치 등으로 측정하는 것이었다. 이 실험은 사람들의 목소리 톤, 조직에서 다른 사람을 대하는 태도, 듣기와 말하기 습관 등을 파악하는 데 도움을 줬다.

사회측정기는 소통 내용이 아니라 소통 방식을 파악하는 데 유용하다. 펜틀런드는 소통 방식이 팀의 성공에 큰 영향을 준다는 사실을 알아냈다. 소통 방식은 구성원의 지능, 성격, 스킬, 그리고 이 세가지를 모두 합친 것보다 더 중요했다.

펜틀런드에 따르면 '위대한 팀'은 다음과 같이 소통한다.[59]

- **자주 소통한다.** 최고의 성과를 거두는 팀의 경우 구성원들은 하루에 12번 이상 커뮤니케이션한다.

- **팀원이 동등하게 말하고 듣는다.** 토론을 할 때 모든 팀원에게 동등한 발언 기회를 준다. 성과가 저조한 팀은 대부분 내부에 문제가 있다. 듣기만 하거나 자기 말만 하는 팀원이 있는가 하면, 둘 다 하지 않는 경우도 있다. 가장 큰 문제는 둘 다 하지 않는 팀원이 많을 때 생긴다.

- **비공식 소통이 많다.** 최고의 팀은 공식 회의 시간 외에도 하루에 30분 정도 비공식적으로 모인다. 비공식 모임을 통해 편안한 분위기에서 의견을 교환한다. 콜센터를 관찰해본 결과, 팀 생산성은 비공식적인 미팅에서 생기는 '에너지'와 '참여 의식'에 의해 높아지는 것으로 밝혀졌다. 에너지와 참여 의식은 팀 생산성을 높이는 중요한 요소다.

- **팀 외부에서 아이디어와 정보를 찾는다.** 최고의 팀은 다양한 외부 정보원과 지속적으로 교류한다. 팀 내 부족한 역량이나 정보를 외부에서 가져온다. 이렇게 유입된 정보나 자료는 곧 다른 팀원과 공유된다. 최고의 성과를 내는 팀에는 유용한 외부 정보원을 잘 찾아내는 '유능한 정보통'이 있다. 유능한 정보통은 유용한 정

보를 취합하는 데 그치지 않고, 이를 공유하며 내부 정보와 통합한다.

- 다양하고 유연한 소통 패턴을 만든다. 지금까지의 내용으로 보아 팀 내부 소통은 생물학적 결정론처럼 팀원의 본성을 바탕으로 이미 정해진 것처럼 보일 수 있다. 하지만 성공적인 팀워크를 보이는 팀은 다양하고 유연한 소통 패턴을 가졌다. 그들은 소통을 위해 배우고, 배우기 위해 소통한다. 유연한 소통 패턴을 여러 가지 정리해 완성하고 이를 다른 팀원에게 알린다.

팀 신경역동학

실제 상황에서 팀을 분석하는 또 다른 방법은 팀 신경역동학team neurodynamics이다. 이는 팀원의 신경생리학적 지표들을 측정해서 팀워크를 모델링하는 학문으로, 개인의 뇌 리듬은 주어지는 자극의 빈도수에 맞춰진다는 발견에 기초하고 있다.[60]

초기 신경역동학은 개인을 실험 대상으로 삼았다. 예를 들면 뇌가 청각을 통해 어떻게 음을 알아내느냐와 같은 것이었다. 2009년이 되어서야 팀을 실험 대상으로 삼기 시작했다. 팀 신경역동학은 신경생리학적 동기화neurophysiologic synchronies라는 개념과 함께 시작되었다. 이는 팀원이 같은 자극에 대해 동일한 신경생리학적(혹은 인지적) 반응을 보이는 것을 말한다. 사람들이 같은 비트에 맞추어 비슷한 춤을 추는 것과 같다.

이 과정은 초기 과학적 문제 해결을 위해 세 명으로 구성된 팀을 대상으로 고안됐지만, 후에 모의 잠수 실험처럼 까다로운 항해 업무를 하는 팀을 대상으로 삼기도 했다.[61] 최근에는 여러 규모(2명에서 6명까지)의 팀을 대상으로 했는데, 팀원의 엔트로피 수준을 알아내기 위해 서로를 방해하는 방식으로 실험을 전개했다. 다시 말해 팀원들이 간섭이나 방해에 어떻게 그리고 얼마나 빠르게 반응하는지 관찰한 것이다. 이 같은 연구는 팀을 구성하고 팀 상황을 관찰하여 개인과 팀의 반응을 통해 최고의 팀이 될 가능성을 점쳐보기 위함이었다.[62] 하지만 아직까지 실행 가능성은 미지수다.

이제는 복잡한 뇌 구조에서 벗어나 완전한 인간의 특징을 살펴보고 팀이 어떻게 협력해야 하는지를 알아보자.

4

팀원의 다양성이 팀의 성공을 만든다

기업, 정부, 비영리단체, 군대 등 모든 조직은 오랫동안 팀 구성 방법을 고민해왔다. 어떻게 팀을 구성해야 실패하지 않고 최고의 결과를 만들 수 있을까?

인지적 다양성을 고려하라

사람은 모두 다르다. 누구나 알고 있는 사실이지만, 팀을 구성할 때 이 문제를 깊이 있게 생각하는 사람은 많지 않다. 서로 다른 사람들을 모아 팀을 만드는 것은 일종의 도전이다. 능력과 성격 어느 것 하나 딱 들어맞는 법은 없기 때문이다. 대부분 능력에 맞춰 팀을 구성하지만, 이런 팀이 최악의 결과를 낳기도 한다.

두 가지 사례를 생각해보자. 한 팀은 서로 다른 인종과 배경을 가진 아이비리그 대학 출신으로 구성되었고, 다른 팀은 아프리카계 미국인 여성(혹은 아시아계 남성)들로 나이, 계층, 교육 수준 등이 모두 다르다. 이런 경우 어느 팀이 성공적인 팀워크를 구축할 수 있을까? 후자가 더 쉽다. 바로 다양성 때문이다. 팀의 다양성을 이야기할 때, 기존의 정의는 의미 없다. '인지적 다양성'이 중요하다. 즉, 사람들이 어떻게 생각하느냐가 문제다.

문화적 관점

인지적 다양성은 한 가지 문화 속에서 다양한 형태의 사회화를 통해 확립된다. 예를 들면 한 문화 속에서 전체론적 관점을 갖고 있는 사람과, 분석적이며 개인주의적 관점을 갖고 있는 사람이 함께 존재하는 것과 같다.

2001년 심리학자인 리처드 니스벳Richard Nisbett과 마스다 다카히코Takahiko Masuda는 미국인과 일본인을 대상으로 실험했다.[1] 그들은 두 그룹의 참가자들에게 물속 장면을 담은 20초짜리 만화 영상을 보여줬다. 그런 다음 무엇이 기억에 남는지 묻자, 미국인 참가자들은 전경에 있던 밝은색 물고기들에 관심을 보인 반면 일본인 참가자들은 배경에 더 큰 관심을 보였고, 전경과 배경 물체 간의 상호 관련성에 대해서도 미국인들보다 두 배 이상 많이 언급했다.

이처럼 국가마다 혹은 지역마다 사람들이 갖고 있는 인지적 능력은 큰 차이를 보인다. 따라서 팀을 조직할 때는 인지 능력의 차이를 고려해야만 한다. 인지적 다양성을 적절히 조율해야 팀워크를 강화할 수 있다. 세부적인 것에 주목하는 팀원과 큰 그림을 보는 것에 관심을 갖는 팀원이 모두 있어야 한다.

인지적 다양성의 다른 형태는 '독립적 사고'와 '사회적 사고'를 하는 사람들 사이에서 찾을 수 있다. 1979년 하워드 웨이스Howard Weiss와 제임스 쇼James Shaw가 남자 대학생 88명을 연구한 결과, 사회적 사고를 하는 사람은 독립적 사고를 하는 사람에 비해 사회에서 발생하는 신호에 더 큰 영향을 받는 것으로 나타났다.[2]

성공하는 팀에는 독립적 사고와 사회적 사고를 하는 사람들이 모두 필요하다. 리더는 팀 내 다양한 사고방식의 팀원들이 있음을 고려하여 팀을 운영해야 한다. 왜 다양한 사고 유형을 가진 팀원들이 필요할까? 독립적 사고를 하는 팀원들은 조금 시끄럽긴 하지만, 새롭고 혁신적인 아이디어를 많이 내놓지 않을까? 이런 질문이 생길 수 있으나, 꼭 그렇지만은 않다.

높은 성과를 낸 혁신 팀을 연구한 결과, 독립적 사고를 하는 사람들만으로 팀을 조직할 경우 팀의 창의성은 오히려 떨어지는 것으로 드러났다. 사회적 사고를 하는 순응적인 사람과 독립적 사고를 하는 창조적인 사람, 그리고 두 부류의 사람을 꼼꼼하게 지원하는 사람 등이 적절하게 섞이면서, 팀 전체 분위기가 순응적인 방향으로 나갈 때 가장 혁신적인 아이디어와 실행력을 갖게 된다.[3]

창의적인 사람이 너무 많은 팀은 실행에 어려움을 겪고 규칙과 질서를 유지하기 힘든 것으로 밝혀졌다. 순응적인 사람은 팀에서 중추적인 역할을 하며, 창의적인 사람들을 돕는다. 또한 협력을 도모하고 팀 내 자신감을 높이는 데 기여하며, 팀을 긍정적인 방향으로 이끄는 것으로 알려졌다. 꼼꼼한 부류의 사람은 위험 회피에 도움이 되고, 보이지 않는 곳에서 창의적인 사람과 순응적인 사람을 지원한다.

전뇌형 팀

수십 년 전에 좌뇌형 사고와 우뇌형 사고라는 개념이 화두로 떠오른 적이 있다. 최근 연구에 따르면 좌뇌와 우뇌 간의 생리적 차이는 거의 없지만, 논리적인 사람과 창의적인 사람 간의 성격 차이는 분명히 존재한다.[4] 좌뇌형 인간은 더 논리적이고 분석적으로 사고하는 반면 우뇌형 인간은 비선형적 직감을 활용하여 사고한다.

이러한 차이는 앞서 언급된 '사회적 사고'나 '독립적 사고'와 관련된 차이와 함께 팀 구성에 중요한 역할을 한다. 목표는 좌뇌와 우뇌가 균형을 이루는 '전뇌형whole-brained 팀'을 만드는 것이다.

전뇌형 팀은 빠른 변화에 유연하게 적응하는 데 필요한 문제 해결 능력과 논리적 사고 능력을 모두 갖고 있다. 일부 기업들은 이미 발 빠르게 전뇌형 팀을 구성하고 있다.

닛산 디자인Nissan Design의 제리 허쉬버그Jerry Hirschberg는 자유롭게 사고하는 디자이너와 분석적인 직원을 함께 일하게 하면 지적 다양성을 높일 수 있다고 주장한다.[5] 허쉬버그는 "어떤 경우 과업을 수행할 수 있는 적임자는 두 명이다"라고 말한다. 그는 새로운 직원을 뽑은 후, 사고 능력의 차이에 따라 직원 두 명이 협업할 수 있게 한다. 허쉬버그는 두 직원 간의 지속적 긴장감이나 첨예한 의견 차이가 혁신적인 기업문화를 만드는 데 더 큰 도움이 된다는 사실을 알아냈다. 닛산이 패스파인더Pathfinder, 인피니티 시리즈Infinity Series와 같은 성공작을 개발한 비결이다.

하지만 좌뇌형 인간과 우뇌형 인간을 한 팀에 배치한다고 해서 일이 끝난 것은 아니다. 리더는 전뇌형 팀을 구축한 후 각 팀원의 다양성을 최대한 활용해야 한다. 이는 '창조적 마찰creative abrasion' 이라는 과정을 통해 가능하다.

창조적 마찰은 다른 이들과의 마찰을 통해 팀원들의 다양한 의견을 좀더 생산적인 방향으로 끌어내는 것이다. 다음은 창조적 마찰을 이끌어내기 위해 리더가 명심해야 할 내용이다.

- 구성원의 선호, 약점, 강점을 이해하고 그들 특유의 스타일이 창의성을 어떻게 억압하고 발현하는지를 파악하라.
- 팀원 모두가 자신의 지적 선호와 차이를 이해하도록 돕는다.
- 목표를 중심에 두고 다양한 선택권을 만들어내는 '확산 사고divergent thinking'와, 하나의 선택권과 그것의 실행에 초점을 둔 '수렴 사고convergent thinking'를 병행해서 사용하라.
- 협업 전에 가이드라인을 구상하라. 팀원들의 합의하에 명확한 규칙을 만들어 팀

내 갈등이 인신공격으로 변하지 않도록 미연에 방지하며, 반대 의견에는 항상 이유를 밝히게 한다.[6]

창조적 마찰은 아주 도전적인 과제지만 해볼 만한 가치가 충분하다. 2014년 1월 구글이 32억 달러에 인수한 스타트업 기업 네스트랩Nest Labs은 창조적 마찰을 이용해 사물인터넷 제품인 학습형 온도조절기와 화재경보기의 디자인을 개선했다. 어려운 문제나 결정에 직면했을 때, 네스트랩의 창립자이자 CEO이며 전 애플 아이팟 부문 수석 부사장을 역임한 토니 파델Tony Fadell은 사용자 경험 전문가, 제품 담당 책임자, 소프트웨어 엔지니어, 알고리즘 분석가, 마케팅 담당자 등을 불러모았다. 남녀, 기술, 인종, 문화 등 다양한 부류의 직원이 한자리에 모이지만 성별, 업무, 혹은 인종을 논하는 자리가 아니었다. 충돌의 여지가 분명한 의견들을 모으고, 다양하고 까다로운 고객을 만족시킬 만한 제품을 개발하는 것이 목표였다.

팀 VS 외로운 늑대

'외로운 늑대lone wolf' 리더십 이론에 따르면, 인간은 본능적으로 여러 구성원이 만들어내는 성공담보다 한 사람이 만들어내는 영웅담을 선호한다. 이런 욕구를 과학적으로 입증해보자.

모든 관심은 리더에게 쏠리기 마련이다. 심리학자들은 리더에게 성공과 실패의 책임을 물으려는 경향이 강하다는 사실을 들어 '리더십 귀인 오류leader attribution error'라는 용어까지 만들었다. 이는 리더에게 성공에 대한 찬사를 보내는 반면 실패에 대한 책임도 묻는 경향을 말한다. 상사나 외부 사람만 리더에게 책임을 묻는 것은 아니다. 팀원들도 마찬가지다.[7] 하지만 성과의 거의 대부분은 팀이 만들어냈다.

켈로그 경영대학원 경영학과의 벤 존스Ben Jones는 50년간 발표된 논문 179만 편을 분석하여 아주 일반적으로 보이는 패턴을 발견했다. 저명한 학술지에는 공동 연구 논문이 대부분이라는 사실이다. 또한 팀으로 된 연구자들이 새로운 이론을 발표할 확률이 단독 연구자보다 37.7퍼센트 이상 높다고 밝혔다.[8] 팀이 개인보다 더 위대한 아이디어를 내놓을 가능성이 높다는 말이다.

2010년 캘리포니아 대학교 버클리 캠퍼스의 리 플레밍Lee Fleming과 그의 동료 자스짓 싱Jasjit Singh은 '단독 발명가'에 대한 연구를 진행했다. 50만 개 이상의 특허 발명품을 분석한 결과에 따르면, 조직에 소속되지 않고 단독으로 활동하는 발명가들은 상대적으로 사소한 발명품만을 개발했다. 진정으로 획기적인 발명품을 내놓은 사례는 거의 없었다. 단독 발명가들은 팀으로 일하는 발명가들에 비해 나쁜 아이디어를 걸러내는 능력이 현저히 낮았다. 결국 협업이 새로운 조합을 만들 수 있는 기회를 높이고 서로 다른 아이디어가 섞여 혁신적인 결과물을 만들어내는 것이다.

물론 '단독 발명가'가 새롭고 획기적인 아이디어나 발명품을 내놓을 수도 있다. 하지만 그 아이디어를 실행에 옮길 수 있는 추진력은 팀에서 나온다.

다양성, 양날의 칼

학자들 대부분은 다양성이 팀을 성공으로 이끄는 열쇠라는 사실에 동의하지만, 다양성의 요소에 대해서는 의견이 서로 다르다. 어떤 학자들은 사람들이 일상에서 사용하거나 정부에서 규정하는 '다양성'과 자신들이 말하는 '다양성'에는 큰 차이가 있다고 말한다.

2010년 카네기멜론 대학교의 아니타 울리Anita Woolley 교수는 700명 가까운 사람을 대상으로 실험을 2회 진행했다. 울리는 다양한 과제를 수행 중인 2~5명으로 구성된 팀들을 관찰한 결과, 성과를 강조하는 팀에서 지능과 관련된 공통점을 발견했다. 흥미롭게도 이 지능 요소는 팀의 평균 지능이나 구성원 개인의 최고 지능과는 무관했다. 대신 팀 지능은 다음의 요소들에 영향을 받는다는 사실을 알아냈다.

- 대화를 골고루 주고받기
- 팀원의 평균 사회적 민감성
- 팀 내 여성 비율

그러나 모든 학자가 여기에 동의하는 것은 아니다. 미시간 대학교 복잡계 경제학 및 정치학과의 스콧 페이지Scott Page는 2007년 출간한 《차이The Difference》에서 다음의 세 가지 요소가 인지적 다양성을 위해 꼭 필요하다고 말했다.

- 훈련
- 경험
- 유전자

페이지는 훈련과 경험이 인지적 다양성을 크게 좌우하는 반면, 유전자의 역할은 크지 않다고 주장한다. 눈에 띄는 다양성(예를 들면 성, 나이, 인종 등)이 팀 성과에 영향을 미치는 것이 아니라 구성원의 문화적 배경, 훈련, 경험에서 나온 지식, 관점, 해석, 예측 모델 등이 중요한 역할을 한다는 것이다. 그는 다양성을 가진 팀이 개인 혹은 동질성을 가진 팀보다 더 월등한 성과를 낸다고 덧붙였다. 울리가 중요하게 생각하는 팀 내 여성 구성원의 역할이 페이지에게는 직장 내 다양한 관점의 한 예에 불과했다.

그렇다면 페이지가 내린 결론은 무엇인가? 팀워크를 증진해서 성과를 내고자 한다면 리더는 내부 다양성을 바탕으로 팀을 구성하고 다양성이 갖는 강점을 충분히 활용해야 한다는 것이다.

하지만 비슷한 일류 대학 졸업생들을 인종, 성, 민족 등을 달리해서 채용하고 나서 다양성을 갖춘 팀이라고 주장해서는 안 된다. 겉으로는 달라 보이지만 문제를 풀고 목표를 설정할 때 사용하는 경험적 지식, 관점, 해석, 예측 모델 등이 같을 수 있기 때문이다. 다시 말해 그들은 전혀 다르지 않다.

울리의 주장처럼 여자 구성원을 더 많이 뽑는 것은, 그들이 완전히 다른 배경을 가진 팀원들과 전혀 다르게 생각한다고 가정했을 때만 유효하다. 팀의 남자 직원과 판박이처럼 비슷하다면 효과 역시 미미할 수밖에 없다. 성별에 따른 인지적 차이는 미미할 뿐이며, 중요한 것은 문화, 계층, 적성의 차이다.

이 모델을 설명하기 위해 페이지는 '다양성 예측 공식'을 만들었다. 이 공식의 핵심은 '정확성과 다양성이 부족할 때 팀은 실수를 범한다'는 것이다. 팀 구성원이 다양할수록 실수는 줄어든다. 팀 다양성은 강력한 힘을 발휘하며, '진정한 다양성'을 이룬 팀의 힘은 더 강력하다.

하지만 이 같은 결론은 시작에 불과하다. 다양성이 팀 성과에 중요하다는 사실에 동의한다고 해도, 좋은 성과를 내기 위해 다양한 요소(심지어 다른 성격까지)를 어떻게 조화시킬 것인가는 또 다른 문제다.

심리학자, 사회학자, 경제학자, 조직행동 전문가 등은 40년 넘게 다양성을 연구해왔다. 그중에서 미국 스탠퍼드 경영대학원의 캐서린 윌리엄스Katherine Williams와 찰스 오레일리Charles O'Reilly는 1999년 발표한 논문에서, 다양성은 '양날의 칼'과 같다고 주장한다.[9]

팀원 각자의 다양한 아이디어, 지식, 스킬 등은 팀 성과를 높이는 데 일조한다는 강점이 있지만, 다양한 팀원으로 구성된 팀은 사회적 분류에 의한 편견을 갖기 쉽고, 이 같은 편견으로 다른 팀원을 평가할 위험이 크다. 결국 편견으로 인해 팀원은 소속감을 느끼지 못하고 팀워크 또한 극도로 낮아진다는 것이다.[10]

윌리엄스와 오레일리에 의하면, 팀원들은 인종이나 성과처럼 눈에 띄는 특성에 따라 서로를 분류하고 비교한다. 역량이 떨어지는 팀원을 외집단 구성원으로 분류하고 신뢰하지 않는 것이다. 이런 상황이 더 악화되면 외집단 구성원으로 분류된 팀원은 내집단이 교류하거나 결정을 내릴 때 소외되는 결과로 이어진다.[11]

이를 '팀 패러독스'라 부른다. 성공적인 팀은 다양성을 고려하여 조직된다. 하지만 다양성을 가진 팀은 동기 부여, 통합, 조율 면에서 구조적 도전에 직면하기도 한다.[12] 이때 팀 리더의 역할이 중요하다. 팀은 다양성이 높을수록 불안정해진다. 팀을 제대로 운영하기 위해서는 리더의 높은 자질이 필요하다. 위대한 리더는 다양하고 이질적인 팀을 하나로 뭉쳐 '팀의 천재성'을 충분히 발휘하도록 돕는다.

40년간 진행된 연구와 수천 개의 연구보고서를 바탕으로, 윌리엄스와 오레일리는 다양성 종류에 따른 문제를 다음과 같이 정리했다.

- 구성원의 근무 연수가 다양할 경우 구성원 간의 통합과 소통이 잘 안 되고 이직

률이 높아진다. 이것은 팀의 성과에 나쁜 영향을 끼친다.

- 기능의 다양성은 팀 내 창의적인 아이디어를 고양한다. 하지만 실행까지 갈 수 있을지는 미지수다.

- 연령대의 다양성은 이직률과 중도 하차와 같은 문제를 야기한다. 성격이나 자질이 팀 내 다른 구성원과 너무 다르다면 더 큰 문제가 된다.

- 성별의 다양성은 남성에게 불리하다. 여성이 지배하는 그룹에 속해 있는 남성은 호의적이고 편견이 없으며 상대에게 적대감을 갖지 않는다. 하지만 남성이 너무 적은 경우, 남성은 일에 대한 만족감이 낮고 헌신적 기여를 하지 못한다.

- 인종·민족의 다양성에 대한 연구는 백인과 흑인 직원 간의 관계에 초점이 맞춰져 있고, 연구 결과 역시 분명치 않다.

팀 규모, 아무리 강조해도 지나치지 않다

최근에 발견된 흥미로운 사실이 몇 가지 있다. 우선 팀 규모가 커짐에 따라 팀의 경계가 문제가 된다. 경계가 명확한 팀은 누가 팀에 속하고 누가 속하지 않는지를 분명하게 알 수 있다. 하지만 팀 규모가 커지면 이 경계가 점점 모호해진다.

특히 경영진으로 구성된 팀은 경계가 모호하고 불필요하게 비대해지는 경향이 있다. 경영진 팀 120개를 연구한 결과, 11개팀(9퍼센트)만이 정확한 팀 구성원 수에 이견이 없었다. 이는 쉽게 넘어갈 문제가 아니다. 누가 팀에 있고 없는지 아는 것은 중요한 문제이기 때문이다. 팀 목표를 세울 때 사용 가능한 모든 자원에 대한 정보가 명확해야 한다. 이러한 정보 없이는 모호하거나 정확하지 않은 예측이 난무한다.

물론 팀 규모가 커지면서 얻을 수 있는 혜택도 있다.

- 팀 구성원 증가는 분업 가능성을 높인다. 이는 업무 전문화를 가능케 한다.[13]
- 팀 구성원 증가는 팀 지식과 경험의 폭넓은 축적으로 이어진다.[14]
- 자원을 많이 보유한 팀은 변화에 민첩하게 대처할 수 있다.[15]

그럼에도 팀 규모가 커짐에 따라 생기는 문제는 심각하다. 팀 규모가 커진다고 해서 팀 기능(팀 프로젝트에 실제로 기여하는 구성원들의 역할)이 같은 크기로 커지는 것은 아니다.[16] 또한 구성원이 늘었다고 해서 지식이나 경험이 효과적으로 사용되리라는 보장도 없다.

팀원 간 소통도 문제다. 4명으로 구성된 팀은 6개의 커뮤니케이션 연결고리, 10명으로 구성된 팀은 45개의 연결고리가 발생한다. 팀 규모가 커질수록 팀 내 업무 조율의 필요성도 커진다.[17] 팀 구성원이 원활하게 소통할 체계를 구축하는 일도 더 어려워진다.[18] 이뿐만이 아니다. 팀 규모가 커질수록 통합을 위한 비용도 만만치 않게 든다. 새로운 구성원을 팀에 합류시키는 데도 엄청난 시간과 노력이 필요하다. 이 과정에서 팀이 원활하게 돌아가지 않거나 제대로 기능을 못 할 수도 있다.[19]

줄다리기 경기를 예로 들어보자. 개인과 공동의 노력이 미묘하게 얽혀 있는 경우 개인의 기여를 단독으로 평가하기는 힘들다. 자신의 노력이 크게 부각되지 않는다고 생각하는 개인은 게으름을 피우거나 최선의 노력을 다하지 않고, 이를 분간하기는 쉽지 않다. 심리학에서는 이러한 현상을 '사회적 태만social loafing'이라 한다. 경제학에서는 '무임승차'라 한다.

프랑스의 심리학자인 막스 링겔만Max Ringelmann이 1913년에 진행한 실험에서, 사람이 많을수록 줄다리기를 하는 개인의 기여도가 급격히 감소한다고 밝혔다.[20] 평균적으로 한 사람이 잡아당기는 힘은 63킬로그램이지만, 세 명은 160킬로그램(한 사람보다 15퍼센트 낮은 수치), 여덟 명은 248킬로그램(한 사람보다 51퍼센트 낮은 수치)으로 측정되었다.

팀 규모에 관해 빕 라타네Bibb Latané는 권위 있는 사회과학자다. 사회 영향 이론의 선구자인 그는 팀 규모의 증가가 팀의 역동성에 끼치는 영향, 규모가 큰 팀에서 질서가 만들어지는 방법, 사회적 영향의 확산을 연구했다. 그중에서 몇 가지를 소개한다.

● 팀 규모가 커질수록 개인의 책임은 줄어든다. 라타네와 존 달리John Darley가 공동 연구한 '방관자 효과'에 따르면, 다른 사람들이 주위에 있을 때는 위급한 상황에 빠진 사람을 도울 확률이 낮아진다. 도우려는 책임감이 다른 사람에게로 분산되기 때문이다.

● 팀 규모가 커질수록 새로 배치된 인력의 기여도가 낮아진다. 두 명이 있는 팀에 한 명을 더 배치하는 것이, 20명이 있는 팀에 한 명을 더 배치하는 것보다 훨씬 효과적이다. 팀 규모가 커질수록 전문성이나 기술의 영향이 낮아진다. 다양성을 중시하는 팀과 구성원 개인의 참여를 독려하는 소규모 팀 간의 강점과 약점을 고려해야 한다.

● 리더는 규모가 큰 팀이 가진 강점을 과대평가하는 실수를 한다. 팀을 2~3명으로 구성해도 되는 상황에서 5명으로 구성하는 경우가 자주 목격된다. 팀원이 많을수록 더 많은 일을 잘 해낼 것이라는 리더의 잘못된 믿음 때문이다. 2012년 브래들리 스타츠Bradley Staats, 캐서린 밀크먼Katherine Milkman, 크레이그 폭스Craig Fox는 팀 규모가 커질수록 업무 완성도를 등한시하려는 경향을 '팀 스케일링 오류team scaling fallacy'라고 명명했다.

팀의 생산성을 높이는 가장 좋은 방법은 다양한 구성원을 조직하고 배치하여 구성원의 잠재력을 최대한 끌어올리는 것임을 잊지 말자.

팀의 천재성 강화하기

지난 수년간 연구를 보면 팀 구성 초기에 정립되는 공유 가치가 이후 팀원의 업무 수행 방식과 팀원 간의 교류 방식에 큰 영향을 주는 것으로 나타났다. 팀원의 업무 수행 방식과 교류 방식은 시간이 지나면서 그 조직의 특징으로 자리 잡게 된다. 시작이 과정과 끝을 좌우하는 것이다. 사회과학자들은 이 주기를 관찰하여 다음과 같은 결론을 내렸다.

- 평등의 가치를 공유하는 팀은 업무와 교류가 상호 의존적으로 이루어진다. 업무 성과도 대체로 우수하다.

- 성과 중심의 가치를 공유하는 팀은 업무와 교류가 독립적으로 이루어진다. 그럼에도 업무 성과는 우수한 경우가 많다.

- 평등과 성과 중심의 가치를 모두 추구하는 팀은 일관성 있는 업무 방식이나 과정이 없는 경우가 많다. 평등과 성과 중심의 가치를 각각 추구하는 팀에 비해 성과도 낮다.[21]

고유한 문화를 가진 두 부류의 팀은 일정한 성공을 지속적으로 거두는 반면, 평등과 성과 중심이라는 두 가지 가치를 모두 추구하는 팀은 좋은 성과를 내지 못한다.

SAS인스티튜트(미국의 비즈니스 정보 분석 소프트웨어 회사-역주)는 수년간 '세계에서 가장 일하기 좋은 기업' 순위에서 상위권을 차지했다. SAS는 아름다운 본사 건물에 무료 탁아 시설, 카페테리아, 사내 병원, 미용실 등과 같은 시설을 완벽하게 갖추고 있다. 이직율이 매년 3퍼센트밖에 안 되는 것은 너무도 당연해 보였다.

아마존은 SAS와 정반대다. 직원을 달달 볶는 것으로 악명 높고, 직원 평균 근속 기간도 1년에 불과하다. 하지만 아마존은 엄청난 성공을 거뒀고 SAS보다 더 성공적인 기업이라 할 수 있다.

SAS가 직원에게 호의적인 기업문화라면 아마존은 성과 중심의 가치를 추구한다. 그렇다면 어떻게 둘 다 성공한 기업이라는 명성을 떨칠 수 있었을까? 이는 바로 SAS와 아마존에 명확하게 규정된 가치와 기업문화 때문이다.

두 기업 안에는 혼란과 부정보다 진정성과 신뢰가 깊이 자리 잡고 있다. SAS가 추구하는 가치는 '우리와 함께 경력을 쌓자'이고, 아마존이 추구하는 가치는 '우리와 함께 도전하자'다. 성과가 낮은 조직은 추구하는 목표가 불분명한 경우가 많다. 말과 행동이 달라 진정성과 신뢰가 무너지고 성과는 멀어진다. 팀 구성 초기에 가치를 분명히 정립해야 하는 이유다.

효과적인 리더는 다음의 세 가지 목표를 확실히 하고 일을 시작한다.

- 팀의 가치와 업무를 명확히 규정하고 의미를 부여한다.
- 팀을 하나로 단결시킨다.
- 행동강령을 만든다.

이는 '독립적'이거나 '협력적'인 팀이 효과적으로 일하는 이유를 잘 설명한다. 업무 성과가 '팀워크' 혹은 '개인의 노력'의 결과라는 사실이 분명할 때 팀은 노력한다. 반면 두 가지 가치가 혼합된 팀은 업무나 보상이 개인 혹은 팀 전체에 분산되는 경우가 많아 팀의 안정성과 만족도가 떨어지고 성과도 낮다. 또한 다른 팀과의 협업 의지도 약해진다.[22]

리더십의 문제도 마찬가지다. 결단력이나 일관성이 없는 리더는 비난받는다. 창업자 겸 최고경영자 마이클 델Michael Dell이 세운 델 컴퓨터는 다른 성공적인 IT 기업들처럼 초반에 승승장구했지만, 시간이 지나면서 성장이 정체되고 주가가 바닥을 치는 경험을 했다. 1990년대 델은 미국에서 가장 빠르게 성장하는 회사 중 하나였다. 1990년 1월 델의 주가는 1000달러였지만 1999년 12월에는 수백만 달러까지 치솟았다.

하지만 이러한 행운도 얼마 가지 못했다. 2000년과 2001년 IT 주식이 붕괴하면서 델의 주가도 급격히 하락했다. 델의 기업 수익은 그 후로도 13년 동안 지속적으로 높아졌지만 주가는 곤두박질쳤다. 2006년 애플의 시장 가치가 델을 앞질렀을 때 델의 사업은 여전히 수익을 내고 있었지만 시장에서는 이미 낙오자로 찍혔다. 이런 상황은 델의 기업문화와 마이클 본인에게 큰 충격을 줬다. 델의 경영진은 거의 포기하다시피 우왕좌왕했다.

결국 2013년 말, 델은 기업을 담보로 차입 매수(매매 대금의 상당 부분을 차입으로 조달하는 회사 인수 방식-역주)를 강행하는 동시에 나스닥 상장을 철회했다. 델이 다시 비공개 회사가 되던 날 마이클도 중요한 결정을 내렸다.

그는 델의 '강제 배분에 의한 직원 평가 방식'을 없앴다. 이 평가 방식은 직원을 서로 경쟁하게 했고 성과가 좋은 직원을 사내 정치인으로, 나쁜 직원을 중상모략꾼으로, 동료를 적으로 만들었다. 델의 기업문화는 윌리엄 골딩William Golding의 소설 《파리대왕Lord of the Flies》(무인도에 고립되어 야만 상태로 돌아간 소년들의 모험담을 통해 인간 내면에 잠재해 있는 권력과 힘에 대한 욕망을 우화적으로 그려낸 작품-역주)의 한 장면을 연상시켰다. 약간 과장된 면도 있지만 요지는 분명하다. 마이클 델도 문제점을 발견하고 델이 비상장 회사로 바뀌자마자 1년 내에 기업이 추구해야 할 가치를 새롭게 정하고 결단력 있는 리더십을 회복한 것이다.

리더십에 문제가 있으면 팀을 통제할 수 없다. 리더십에 문제가 있는 사람들은 대부분 너무 강압적인 독재자(팀원의 의견을 묻지도 않고 무시하는 부류)이거나 결단력이 없이 우유부단한 리더(자유방임으로 팀원에게 명확한 방향 없이 일을 시키는 부류)다. 최악의 리더는 이 두 가지 특징을 동시에 가진 부류로, 팀원들이 일을 제대로 할 수 없게 만든다.[23]

팀 관련 전문가로 유명한 제이 리처드 해크먼은 리더십에 직면한 도전과제를 가장 명확하게 설명했다. 그는 팀 성공을 위한 올바른 조건을 확립함으로써 성공 가능성을 높일 수 있다고 주장한다.[24]

해크먼이 주장하는, 팀이 갖춰야 할 올바른 조건은 다음과 같다.

- 팀은 명확한 방향을 가져야 한다. 팀에 주어진 업무가 명확하고 도전적이며 가치 있어야 한다.

- 팀의 경계가 분명하고(소속된 팀원을 명확하게 알고), 안정적이며(팀원의 변동이 크지 않으며), 상호 보완적(팀의 성과를 위해 서로 협조한다)이어야 한다.

- 팀을 자격 있는 사람들로 조직하며, 팀원들은 팀 강령에 맞게 행동해야 한다. 팀원은 서로 다른 능력을 갖고 있어야 하나, 그 차이가 같이 일할 수 없을 정도로 커서는 안 된다. 팀원은 업무 수행에 적합한 능력과 전문성을 충분히 갖추고 있어야 한다.

- 팀 내에서 자원, 정보, 훈련과 관련된 도움을 주고받을 수 있어야 한다.

- 팀은 전문가, 동료, 상사로부터 지속적으로 피드백을 받아야 한다.[25]

5

페어의 마력

1990년대 초반, 장래가 촉망되던 한 기업가가 어려움에 처했다. 스타벅스 창립자이자 회장인 하워드 슐츠는 미국에 스타벅스 체인점 수백 개를 개설한 후에도 더 많은 체인점을 미국 전역에 세우고자 했다. 하지만 이렇게 빠른 확장 모델에 문제가 있음을 알게 됐다. 일련의 보고서를 통해 매장 내 고객 서비스의 질이 떨어지고 있다는 사실을 알게 된 것이다. 그동안 반대했던 직원들이 옳았을지도 모른다. 추종자가 필요한 스타벅스와 같은 브랜드를 미국 전역과 세계에 확산하는 것은 거대한 도전이었다. 고객 서비스처럼 눈에 보이지 않는 요소가 사업 확장 속도만큼 빠르게 좋아지지 않기 때문이다.

슐츠에게 당장 필요한 것은 스타벅스의 고객 서비스 품질을 향상시켜줄 사람이었다. 운동 장학생으로 대학에 겨우 입학할 수 있었던 가난한 슐츠는 자신과는 조금 다른 사람이 필요했다. 1994년 하워드 슐츠는 하워드 베아르Howard Behar를 영입한다.

베아르는 "우리는 너무 달랐다. 외모부터 다르다. 슐츠는 키가 크고, 운동을 잘하고, 성격도 저돌적이다. 반면 나는 키도 작고 둥글둥글하다. 세계관도 다르다. 스타벅스가 미국 전역으로 사업을 확대하고 전 세계로 진출하기 위해서는 기업문화를 변화시켜야 한다는 의견에 3년간 대립했다. 슐츠에게도 기업문화는 매우 중요했지만 우선순위가 아니었다. 하지만 내게는 기업문화가 가장 중요한 요소였다"라고 술회했다.

하워드 대 하워드 관계가 처음부터 순조로웠던 것은 아니었지만 둘은 노력했다. 그 후 하워드 베아르는 하워드 슐츠의 지휘하에 8년간 스타벅스 북미 사장직을 맡았다.

두 명이 함께 일할 때 중요한 것은 상호 보완력이다. 두 사람이 협업하는 경우는 많다. 엔지니어와 기획자, 변호사와 조사원, 경영 전문가와 영업 전문가, 발명가와 기업가의 협업 등 다양하다.

필자들은 두 사람 간의 협업을 연구할수록 실제 비즈니스 환경에서 거의 비슷한 성격이나 능력을 가진 사람들이 협업하는 빈도는 무척 낮음을 알게 되었다. 이러한 팀이 처음부터 의견 일치를 보이기는 어렵다. 두 명에게서 어떤 공통점도 찾을 수 없고, 심지어 서로 미워하는 경우도 있으며, 한 명은 아예 존재감이 없는 경우도 있기 때문이다.

대부분의 경우 좋은 협업을 위해 비슷한 사람, 혹은 가장 실력 있는 두 명으로 팀을 구성한다. 이는 단순히 일치감, 공통 관심사, 비슷한 성격, 직관, 근접성, 편의성만을 고려하는 것으로 지난 1000년 동안 거의 바뀌지 않았다.

모든 팀의 기본 단위

우리의 일상을 잘 관찰하면 혼자 있는 시간보다 다른 사람과 교류하는 시간이 훨씬 더 많다. 그리고 다른 사람과 교류하는 형태 중 일대일(1대1) 관계를 맺는 것이 가장 일반적이다.

인간은 스스로 고독한 존재라고 생각해서 항상 다른 누군가와 짝을 이루고자 한다. 여기에는 생물학적 이유가 있다. 인간은 한 번에 한 사람과 성관계를 맺고, 한 번에 한 사람과 대화하며, 상대의 페로몬(동물의 몸에서 분비되어 상대를 유혹하는 일종의 체취)에 반응한다. 이 같은 사실은 이미 고고학적으로 검증되었다. 특히 두 명이 한 쌍으로 짝짓기를 하는 것은 원시 인류가 지구 상에 출현한 이후 수백만 년 동안 보여온 가장 뚜렷한 문화적 현상이며, 약 2만 년 전에 나타난 현생 인류에서는 확고한 규칙이 되었다.

인간은 평생 순차적으로 또는 동시에 이와 같은 페어pair 관계를 반복한다. 일생 동안 많게는 수백 번 이상 페어 관계를 갖는다. 인간에게 가장 일반적이고 오랫동안 지속되는 페어 관계는 혼인이다. 결혼 생활을 유지하는 사람은 그렇지 않은 사람보다 건강, 소득, 기대수명 등 여러 측면에서 뚜렷한 우위를 보인다는 통계가 많다. 이 제부터는 부부나 친구와 같은 사적 관계가 아닌, 직업과 관련된 페어 관계를 살펴보려 한다. 총 12가지 관계를 4가지 유형, 즉 상황 occasion, 유사성similarity, 차이difference, 차등성inequality으로 분류했다.

상황에 따라 규정되는 페어 관계

유형 1. 후방 경계형 – got your six

첫 번째 유형은 가장 임의적이고 단기적인데도 역사적으로 가장 오래된 유형이다. 그래서 가장 기본적인 페어 형태로 여겨진다. 이 유형은 원래 군대에서 유래했다. 군인들은 2인 1조로 경계를 설 때 각각 전방(12시 방향)과 후방(6시 방향)을 나누어 맡는다. 영어로 "I've got your six"라고 하는 것은 곧 "내가 후방 경계를 맡겠다"는 신호다. 이런 유형의 기원은 고대 그리스의 트로이와 스파르타까지도 거슬러 올라간다.

이 관계는 특히 긴박한 위기 상황에서 주로 형성된다. 이 상황에 처한 두 사람은 모르는 사이일 수도 있다. 눈앞에 펼쳐진 위험이 없었다면 두 사람은 한 팀이 되지 않았을 것이고, 그 위험 상황이 해소되면 두 사람은 대개 각자의 길을 간다. 이런 속성에도 불구하고 후방 경계형 팀은 두 사람 간 완벽한 신뢰가 없으면 이뤄지지 않는다. "뒤는 내가 목숨 걸고 맡을 테니 너는 앞에서 일어나는 상황에만 집중하라"는 메시지를 주고받는 것이다. 이는 인간이 보여줄 수 있는 가장 이타적인 모습이며, 그렇기 때문에 아주 드물고 단기적 성격을 갖는다.

자신의 생명을 상대방에게 온전히 맡기는 것처럼 강한 신뢰는 없다. 따라서 강력한 관계를 기반으로 하는 후방 경계형 팀은 다른 어떤 유형보다 공고하다. 다른 유형보다 훨씬 큰 에너지를 필요로 하므로 오래 지속되기도 어렵다. 긴박한 상황에서 강한 결속력을 장시간 유지하기가 쉽지 않기 때문이다. 이런 관계는 가끔 일반적인 우정 관계 또는 지인 관계로 바뀌기도 한다. 이는 한 가지 특수한 상황에서만 유효한 매우 좁은 의미의 파트너십으로, 다른 과업을 수행하는 데까지 확장되기는 어렵다.

유형 2. 매직페어 – this magic moment

매직페어 팀은 뒤에 나올 쌍둥이 팀과 거의 유사하지만 두 가지가 다르다. 첫째, 두 사람이 함께일 때는 아주 훌륭한 결과를 만들지만 짝이 없을 때는 아무런 성과를 내지 못한다. 둘째, 매직페어 팀은 대개 아주 짧게 존재한다.

이 팀은 짧고도 강렬한 사랑과 같다. 두 사람은 처음 만나는 순간 완벽한 파트너를 만났다고 직감한다. 남녀 간에 첫눈에 반하는 것을 팀 관계에 적용했다고 생각하면 쉽다.

매직페어 팀은 공연 예술 분야에서 흔히 볼 수 있다. 특히 음악 협연이 대표적 사례다. 뛰어난 음악가들은 처음 만나서도 곧바로 놀라운 협연을 보여주곤 한다. 존 레논John Lennon과 폴 매카트니Paul McCartney가 좋은 사례다. 이들을 쌍둥이 팀이 아닌 매직페어 팀으로 분류한 것은 팀으로 활동한 기간이 상대적으로 짧았기 때문이다. 실제 두 사람이 한 팀으로 일했다고 할 수 있는 기간은 20대 초반에 한정되고, 활발한 협업 관계를 유지한 기간은 그보다도 짧다. '서전트 페퍼Sgt. Pepper's' 음반이 나왔을 무렵 두 사람은 솔로 아티스트나 다름없었다. 그럼에도 1960년대 초 함부르크 활동 시기부터 1960년대 말 세계적인 스타덤에 오를 때까지의 짧은 기간 동안 레논과 매카트니는 대중음악 역사에 길이 남을 영향력 있는 작품들을 함께 만들어냈다. 두 사람의 협업이 가장 돋보이는 작품으로는 '서전트 페퍼' 음반에 실린 '어 데이 인 더 라이프A Day in the Life'를 들 수 있다. 둘이 따로 활동했다면 이런 작품은 나오기 힘들었을 것이다.

비즈니스 세계에서는 특허출원 목록을 검색해보면 쉽게 매직페어 유형의 파트너십을 찾을 수 있다. 현대 과학 기술은 대개 다학제적multi-disciplinary 성격을 갖는다. 그래서 (일부 르네상스의 천재적 발명가들을 제외하면) 서로 다른 분야의 전문가들이 힘을 합쳐 특허를 내는 것이 일반적이다. 예를 들어 전자공학과 소프트웨어, 고체물리학과 무기화학, 극초단파와 반도체 기술, 컴퓨터과학과 바이오 기술 등이 합쳐진 특허가 그렇다.

이런 성과는 대부분 서로 다른 분야의 혁신가 간 협업을 통해 이뤄진다. 기간이 몇 달 정도로 아주 짧은 경우라도 그렇다. 인터넷 시대 이후 이런 협업은 컴퓨터 프로그래머와 마케터처럼 언뜻 관련이 없어 보이는 직종 간에서도 흔히 형성되었다. 컴퓨터 프로그래머였던 피에르 오미다이어Pierre Omidyar는 이베이(원래 회사명은 옥션워치AuctionWatch)를 차린 다음, 첫 직원이자 CEO로 인터넷 사업 경험이 있는 스탠퍼드 MBA 출신의 제프 스콜Jeff Skol을 뽑았다. 구글의 세르게이 브린과 래리 페이지는 둘 다 스탠퍼드 대학원에서 컴퓨터공학을 전공하면서 만났다.

비즈니스 분야에서 가장 유명한 매직페어 팀은 아무래도 애플의 스티브 잡스와 스티브 워즈니악이다. 필자들은 운 좋게도 피에르 오미다이어와 제프 스콜, 세르게이 브린과 래리 페이지, 스티브 잡스와 스티브 워즈니악 등이 각각 팀을 이룬 초기부터 가깝게 관찰할 기회가 있었다. 사람들은 흔히 잡스와 워즈니악이 고등학교에서 처음 만났을 때부터 완벽한 페어였다고 생각하지만, 현실은 그렇지 않다. 이 둘은 어려서부터 친구 사이가 아니었다. 두 사람은 나이 차이가 있어, 고등학교를 동시에 다닌 기간은 1년밖에 안 된다. 당시 워즈니악은 이미 젊은 기술자로 유명했고(중학교 과학 과제물로 미디어의 주목을 받았고, 고등학교 때는 가짜 시한폭탄을 만들기도 했다), 잡스는 아직 어렸다.

두 사람이 만났을 때도 서로 너무 달랐다. 워즈니악은 달변가인데다 마초 스타일이었고 이미 취업도 결정된 상태였다. 반면 잡스는 수줍음이 많고 짜증 나리만치 변덕스러운 데다 사회성이 떨어지는 청년이었다. 그렇게 다른 스타일임에도 불구하고 두 사람은 만나자마자 상대방을 알아보았다. 워즈니악은 잡스를 만나자마자 그의 열정과 비전, 무엇인가를 계획해내는 능력을 파악했다. 잡스는 워즈니악에게 인생의 목표를 제시했고, 그가 멋진 인생을 살 수 있도록 도왔다. 애플의 성공으로 두 사람의 이름이 항상 함께 언급되기는 했지만, 사실상 두 사람이 함께 일하며 지낸 기간은 10년이 채 안 되며, 특히 애플에서 함께 근무한 시간은 2년에 불과하다.

만약 워즈니악이 잡스를 만나지 않았더라면 아마도 원래 직장이었던 HP를 그만둘 가능성이 거의 없었을 것이다. 그리고 다른 많은 사람들이 그랬듯이 다시 실리콘밸리로 돌아와 홈브루컴퓨터클럽the Homebrew Computer Club(1975~1986년 활동한 컴퓨터 애호가 모임)에서 활동했을 수도 있다. 물론 애플이 아니었더라도 PC혁명은 일어났을 것이다. 그리고 워즈니악은 나이 들어서 특허 몇 개를 갖고 은퇴하는 HP 엔지니어 중 한 명으로 남았을 것이다.

잡스도 마찬가지다. 그의 천재성을 제대로 인정해주는 회사를 찾지 못해 이 회사 저 회사 전전했을 수 있다. 잡스의 성격은 다른 회사에서 용납되기 어려운 수준이었다. 그리고 잡스는 벤처캐피털에서 일하기도 쉽지 않은 성격이었다. 애플이 아니었다면 결국 실리콘밸리를 떠났을 확률이 높다. 하지만 그런 상황은 일어나지 않았고 잡스와 워즈니악은 결국 만났다. 이들의 만남을 천체물리학의 개념을 빌려 표현하자면 '초신성급supernova 사건'이라 할 수 있다.

비슷한 사례를 또 찾는다면 백열등 발명을 위해 함께 노력했던 토머스 에디슨Thomas Edison과 윌리엄 태너William Tanner의 만남, 트랜지스터 반도체 개발을 위해 함께 일한 존 바딘John Bardeen과 월터 브래튼Walter Brattain의 만남이 있다. 전혀 어울릴 것 같지 않지만 마법 같은 인연으로 만난 또 다른 사례로 윌리엄 듀런트William Durant와 알프레드 슬론Alfred Sloan을 빼놓을 수 없다. 술과 여자를 즐겼던 듀런트와 금욕적이고 합리적인 슬론은 짧게나마 GM을 함께 경영하면서 GM을 세계 최고의 기업으로 만들었다.

예술 분야에서는 파블로 피카소Pablo Picasso와 조르주 브라크George Braque를 들 수 있다. 두 사람은 아주 짧은 기간 작품 활동을 함께했고, 그 후 수십 년 동안 거의 만나지 않았다. 그러나 팀으로 함께 작업한 지 불과 몇 달 만에 큐비즘을 만들고 현대 미술의 방향을 바꿔놓았다. 20년 앞선 빈센트 반 고흐Vincent van Gogh와 폴 고갱Paul Gauguin도 아슬아슬한 페어 관계를 유지한 사이로 유명하다.

유형 3. 성공의 노예 – chained together by success

이 유형은 "적대적 협력" 관계라 할 수 있다. 이들은 엄청난 성공을 이루지만 라이프스타일, 성격, 경력 등이 크게 달라 서로 잘 지내지는 못한다. 오히려 상대에게 노골적 증오를 보이기도 한다. 간혹 상대에 대한 증오감, 불협화음, 폭력 등의 이유로 팀이 깨지기도 한다.

이 유형의 팀 중 가장 유명한 예는 전설적인 오페레타 팀 윌리엄 길버트William Gilbert와 아서 설리번Arthur Sullivan이다. 둘은 성공의 노예 팀의 전형이라고 할 수 있으며, 이들의 관계는 1998년 숀 펜Sean Penn과 케빈 스페이시Kevin Spacey 등이 주연한 영화 「헐리벌리Hurly-burly」의 소재가 되기도 했다. 이들은 서로를 싫어하는 정도가 아니라 함께 일하게 된 운명 자체를 증오하는 것으로 보일 정도였다. 두 사람은 팀이 되기 전까지 아무런 성과를 내지 못하다가, 함께 작업하기 시작하면서 불멸의 작품을 만들었다.

이 관계는 당사자들에게 정말 지옥 같은 경험이 되기도 한다. 세상 사람들은 완벽한 팀이니 일심동체니 하며 치켜세우며 계속 무엇인가를 함께 만들라고 요구하기 때문이다. 일부 팀은 서로를 견디지 못해 갈라서는 경우도 많다. 이 팀이 갈라서는 순간 그때까지의 성공과 명예는 모두 한 줌의 재가 된다.

성공의 노예 팀은 불안정한 속성을 갖고 있어, 큰 성공을 이루지 못하면 망설임 없이 갈라선다. 그리고 팀이 깨지는 상황이 되면 실제로 신문 특종이나 베스트셀러 자서전 소재가 되곤 했다.

성공의 노예 팀 사례는 많다. 전설적인 작사·작곡 듀오인 리처드 로저스Richard Rogers와 로렌츠 하트Lorenz Hart가 대표적이다. 로저스는 두 사람이 한창 성공가도를 달리고 있을 때 하트의 주벽 때문에 결별을 선언하고, 오스카 해머스타인Oscar Hammerstein과 팀을 만들었다. 비치 보이스Beach Boys의 마이크 러브Mike Love와 브라이언 윌슨Brian Wilson도 수십 년 만에 재결합했다가 결국 다시 헤어졌다. 진 시스켈Gene Siskel과 로저 에버트Roger Ebert는 성격도 다르고 경쟁 방송국에서 일했었지만, 방송국을 옮겨 한 팀을 이룬 다음 영화 평론가로서 최고의 명성을 이뤘다. 인텔 창업자 로버트 노이스와 앤드류 그로브 역시 최고의 기업가치를 가진 회사를 만들면서도 반목을 거듭했다.

뒤에 나오는 쌍둥이 팀 유형에서 다룰 에벌리 브라더스Everly Brothers도 어느 정도는 성공의 노예 팀 특성을 갖고 있다. 이 팀은 깨지는 과정에서 서로 칼을 휘두르기까지 했다고 언론이 보도했다. 존 레논과 폴 매카트니도 '화이트 앨범White Album' 시기쯤에는 성공의 노예 팀 특성을 보였다. 로드 스튜어트Rod Stewart가 제프 벡Jeff Beck에 의해 해고되고, 디지 질레스피Dizzy Gillespie가 캡 캘러웨이Cab Calloway를 칼로 찌른 사건 등도 대표적인 사례다. 밥 호프Bob Hope와 빙 크로스비Bing Crosby는 영화 사상 보기 드물게 성공한 듀엣이었지만 무대 밖에서는 거의 만나지 않았다.

성공의 노예 팀이 항상 다투기만 하는 것은 아니다. 팀으로서의 강점이 전혀 없었다면 팀 자체가 만들어지지 않는다. 항상 티격태격하면서도 두 사람이 팀이 되는 것은 각각의 재능이 잘 조화를 이루면서 인품, 성격, 태도의 차이에서 발생하는 약점을 상쇄하기 때문이다. 최소한 처음에는 그렇다. 하지만 두 사람이 이루어낸 성공과 명성이 아무리 대단해도, 서로의 차이로 인한 문제를 극복하지는 못하는 경우가 많다. 때로는 팀의 성공이 둘의 차이를 더 크게 만들기도 한다. 처음에는 성공의 이면에 가려져 있던 마찰이 성공할수록 점차 극복하기 어려운 갈등으로 커진다.

이 유형의 팀이 크게 성공할 수 있는 것은 두 사람의 재능이 그만큼 뛰어나기 때문이다. 이 유형의 팀은 보통 수준의 성과를 내는 경우는 많지 않으며, 보통 수준의 성과가 예상되는 순간 팀은 깨진다. 정말 대단한 성공을 거두는 경우가 아니라면 누구라도 자신이 증오하거나 경멸하는 사람과 매일 함께 시간을 보내고 싶어 하지 않는 것이 당연하다. 이 유형의 팀이 성공하는 또 다른 이유는 두 사람이 상대방의 강점뿐 아니라 약점도 이미 잘 알고 있다는 것이다. 최소한 그런 차이가 존재한다는 것을 알고, 그런 차이를 어떻게 회피할 것인지에 대해 미리 생각해둔다.

이 유형의 팀은 실패하거나 깨지더라도 종종 전설이 되곤 한다. 둘이 함께 이룩한 성과는 그 전설의 한 부분을 차지한다. 두 사람은 싸우고 증오하고 질시하지만, 두 사람의 이름은 떼어놓고 생각하기 어려울 정도로 엮여 있다.

유형 4. 글로벌 페어 – here and there

글로벌 페어 팀은 21세기 들어 세계가 인터넷으로 하나가 되면서 출현했다. 글로벌 신경제 체제에서 개도국의 구매력 있는 신규 소비자 20억 명이 인터넷에 유입되었고, 신흥 시장에 대한 맞춤형 비즈니스 솔루션이 필요해지면서 글로벌 페어 팀이 생긴 것이다.

글로벌 페어 팀은 한 명은 본사에, 다른 한 명은 신흥 현지 시장에 근무하며 협업하는 형태다. 본사 팀원은 기존 조직문화와 경험을 바탕으로 팀에 기여하고, 신흥 현지 시장 팀원은 해당 지역 고객, 시장, 국가의 특성에 대한 깊은 이해를 제공한다. 현장에서 시장 진출 기회를 찾아내면 본사에서는 이에 대한 적절한 기준을 제시한다. 이러한 협업 방식을 통해 본사의 제품, 서비스, 자원, 제도 등 관련 방침과의 일관성을 유지하고, 상황에 따라 본사의 원칙과는 다른 접근이 필요한 경우 현지 사정을 잘 설명하여 본사 경영진의 승인을 얻는다. 웹과 글로벌 커뮤니케이션 도구, 클라우드 서비스, 화상회의 등의 기술 덕분에 이런 협업이 가능해졌다.

유사성에 따라 규정되는 페어 관계

유형 5. 1+1〉2 – together, we're more than two

지금까지 소개된 팀과는 달리 이 팀은 누군가가 의도와 목적을 갖고 조직한다. 시너지를 낼 수 있는 두 명이 우연히 만날 확률은 매우 낮기 때문에 누군가의 도움이 필요하다.

1+1〉2 팀은 불완전한 두 사람이 협력하여 둘 이상의 결과를 만들어내는 유형이다. 팀을 이루기 전 각 팀원은 인생과 직업 측면에서 모두 불완전하다. 이들은 성격이나 능력 면에서 일종의 제약이

있는 늦깎이인 경우가 많다. 그런 제약 요인에는 지나친 위험 회피 성향, 불안감, 자신감 부족 등이 있는데, 이들은 상대의 도움으로 이를 극복한다.

이 유형은 팀원 두 사람의 성향이 상당히 비슷하다. 사실 모든 페어 유형의 팀 중에서 이 팀의 구성원이 가장 비슷한 특징과 성향을 갖고 있다.

1+1>2 팀 사례는 많다. 무성영화 시기의 배우 스탠 라우렐Stan Laurel과 올리버 하디Oliver Hardy는 각자 별다른 성과를 내지 못하다가 영화 역사상 가장 위대한 팀이 되었다. 마이크로소프트의 공동 창업자 빌 게이츠와 폴 앨런 역시 창업 초기에는 세간의 주목을 전혀 받지 못하고 컴퓨터밖에 모르는 하버드 중퇴생들이었다.

1+1>2 팀은 시간과 노력 대비 투자수익ROI이 높다. 각자 달성할 수 있는 것보다 훨씬 많은 것을 이루기 때문이다. 혼자서는 성공하기 어렵거나 잠재력이 떨어지는 두 사람을 팀으로 만드는 것이 스타급 두 명을 스카우트하는 것보다 훨씬 경제적이다. 두 사람은 상대와의 협업을 통해서만 성공할 수 있기에, 관계를 유지하기 위해 더욱 노력한다. 그러지 않으면 성과가 좋지 않았던 과거로 돌아갈 수 있기 때문이다.

이 팀에 주어지는 가장 큰 위험은 두 팀원이 성장하고 변화하면서 서로에게 안 좋은 감정이나 질투심이 생긴다는 것이다.

유형 6. 쌍둥이 – Castor & Pollux

가장 완벽한 페어형 파트너십이라고 할 수 있는 이 유형은 두 구성원이 쌍둥이 같아서 서로의 역할을 누구도 눈치 못 채게 감쪽같이 수행한다.

이 명칭은 그리스 신화에서 유래했다. 카스토르^{Castor}와 폴룩스^{Pollux}는 쌍둥이 형제다. 형 카스토르가 죽자 동생 폴룩스는 자신의 영생을 형에게 나눠달라고 제우스에게 간청했고, 결국 둘이 번갈아 하루씩 올림포스 산에서 지낼 수 있게 되었다. 쌍둥이 팀은 사이가 정말 좋고 무엇이든 같이하는 팀을 상징한다.

쌍둥이 팀 구성원은 소울메이트다. 그러나 이 유형은 너무 이상적이어서 실제로는 흔치 않다. 친형제나 친남매 간에 이뤄진 사례는 오빌 라이트^{Orville Wright}와 윌버 라이트^{Wilbur Wright}, 조지 거슈윈^{George Gershwin}과 이라 거슈윈^{Ira Gershwin}이 있고, 남과 이뤄진 사례로는 빌 휴렛과 데이비드 팩커드, 워런 버핏^{Warren Buffett}과 찰리 멍거^{Charlie Munger} 등이 있다.

쌍둥이 팀은 이렇게 실제 형제 또는 절친 사이에서 일반적으로 만들어진다. 그러나 다른 유형의 팀(예를 들어 음양 팀)으로 시작해서 쌍둥이 팀으로 발전하는 경우도 있다. 두 사람의 관계는 업무적 파트너십 수준을 넘어 애정과 혼인 관계로 발전하기도 한다. 이런 면에서 보면 쌍둥이 팀은 아리스토텔레스^{Aristoteles}가 사랑을 "하나의 영혼이 두 사람의 몸에 깃든" 상태라고 묘사한 것과 비슷한 관계라

고도 할 수 있다. 쌍둥이 팀에서는 개인의 성격 또는 행동적 차이에
도 불구하고 서로를 절대적으로 신뢰한다. 이런 관계의 대표 사례
로는 세계 최고의 벤처캐피털 기업인 KPCB를 함께 일군 (변덕스럽
고 나대는 성격의) 톰 퍼킨스Tom Perkins와 (예의 바르고 겸손한 스타일의)
유진 클라이너Eugene Kleiner가 있다.

쌍둥이 팀의 강점은 두 사람의 타고난 차이 때문에 발생하는 갈
등이 적다는 것이다. 두 사람이 가진 지식, 재능, 역량 역시 합쳐지
는 것이 아니라 곱해지는 효과로 나타난다. 또 다른 강점으로는 창
의성과 과단성이 있으며, 지칠 줄 모르는 집중력과 에너지를 보인
다는 점이다.

그렇다고 쌍둥이 유형이 모든 직무에 맞는 것은 아니다. 예를 들
어 부두 하역 또는 판매 조직 같은 경우에는 잘 맞지 않는다. 하지
만 연구개발, 마케팅, IT와 같은 영역에서는 적합할 가능성이 높다.
일반 관리자 수준에서는 효용성이 낮을 수 있지만 CEO나 경영자
수준에서는 큰 효용을 보인다. 명예의 전당에 이름을 남긴 많은 미
국 기업에서 사례를 찾을 수 있다. 앞서 언급한 휴렛과 팩커드를 위
시해 래리 엘리슨Larry Ellison과 레이 레인Ray Lane(각각 오라클의 CEO,
COO였음-역주), 월트 디즈니Walt Disney와 로이 디즈니Roy Disney, 앤
드류 카네기Andrew Carnegie와 헨리 프릭Henry Frick, 율리시스 그랜트
Ulysses Grant와 윌리엄 셔먼William Sherman 등이 그 사례다.

이런 유형이 특히 고위 경영진에서 효과적인 것은 기업 내 의사

결정의 정점에서 감당해야 할 책임이 그만큼 크기 때문이다. 전략 수립부터 일상적 조직 운영과 홍보에 이르기까지 신경 써야 할 일이 너무 많아, 한 사람이 맡아 처리하기보다는 둘이 함께하는 것이 좋다. 단, 두 사람이 항상 한마음 한뜻이거나 서로의 판단을 절대적으로 신뢰해야 가능하다. 이렇게 절대적 신뢰가 기반이 될 때는 한쪽이 자리를 비우더라도 둘이 함께 경영하는 것과 같은 효과가 난다. 예를 들어 데이비드 팩커드가 백악관의 요청으로 국방부 차관으로 근무하는 동안 빌 휴렛은 혼자 힘으로 경영 전반을 맡아 처리했는데, 고객이나 주주뿐 아니라 내부 직원들조차 그런 사실을 알아차리지 못했을 정도였다.

이 같은 강점에도 불구하고 치명적인 약점도 있다. 우선 폐쇄성이 문제다. 서로에 대한 만족감이 높고 행복한 커플이 간혹 옛 친구나 지인과의 관계를 소홀히 하는 것과 비슷하다. 그리고 한 사람의 사망이나 다른 외적 요인으로 팀이 깨질 경우, 남은 사람은 상상을 초월하는 충격에 빠진다. 두 사람의 강점이 더하기가 아니라 곱하기의 형태로 발전하듯, 깨질 때의 충격 역시 빼기가 아니라 나누기 방식으로 타격을 준다. 남겨진 팀원은 마치 배우자와 이혼하거나 사별한 것처럼 우울증에 걸리거나, 회사 일에서 아예 손을 놓는 경우가 있다. 물론 적절한 대체 팀원을 찾는 일도 쉽지 않다.

쌍둥이 유형에서 최고의 사례는 아마도 에벌리 브라더스라고 할 수 있다. 필 에벌리Phil Everly와 돈 에벌리Don Everly는 어려서부터 부모님이 운영하는 컨트리음악 방송에 출연했고, 스무 살이 되던 해에 미국 대중음악 사상 가장 성공적인 듀엣이 되었다. 두 사람은 전설적인 하모니를 자랑했고, 보드로와 펠리스 브라이언 형제에게서 최고의 곡을 받았을 뿐 아니라, 생김새와 옷차림마저 매우 비슷했고, 서른이 될 때까지 거의 떨어지지 않고 살았다.

록이나 컨트리음악 팬이라면 알고 있겠지만, 이 두 사람의 완벽한 파트너십은 1973년 7월 14일 깨졌다. 잠시도 떨어지지 않고 함께 지내면서 생긴 불편함에 약물 중독과 피로 누적이 더해진 상태에서 캘리포니아 노츠베리팜Knott's Berry Farm 공연을 강행했고, 공연 도중 돈이 무대에서 기타를 부숴버리고 자리를 박차고 나간 것이다. 형제 간 갈등이 가장 노골적인 방식으로 세상에 알려진 셈이다. 그 후 약 10년간 전혀 왕래가 없던 두 사람은 아버지의 장례식에서 단 한 번 만났을 뿐이다. 그 기간 중 각자 다른 파트너를 구했지만 실패했고 자포자기 속에 살았다. 그러다가 1983년 9월 23일, 두 사람은 대중음악 사상 가장 감동적인 재회의 순간을 가졌다. 로열앨버트홀에서의 듀엣 공연으로 두 사람은 그동안의 차이와 갈등을 씻어버리고, 한 번도 헤어지지 않았던 것처럼 다시 시작했다.[1]

유형 7. 구명보트 - lifeboats

구명보트 유형의 페어는 두 사람이 협력하는 것이 서로의 경력이나 인생에서 마지막 구원의 희망인 경우를 말한다. 두 사람의 이야기가 갖는 극적 요소와 성공의 클라이맥스 때문에 이런 유형은 영화에서도 자주 다루어진다. 영화 「록키」의 실베스터 스탤론Sylvester Stallone과 버지스 메레디스Burgess Meredith의 역할을 생각해보면 쉽다. 영화에서 "난 이제 더 이상 갈 데가 없어요", "당신이 내 마지막 희망이라고요"라는 대사가 나온다면 십중팔구 이런 유형의 관계를 다루고 있다.

구명보트 팀 사례는 고무적인 이야기로 묘사되는 경우가 많다. 대표 사례로 미국 알코올중독자치료협회Alcoholics Anonymous를 함께 만든 빌 윌슨Bill Wilson과 로버트 스미스Robert Smith를 들 수 있다. 1935년 1월 오하이오 주 애크론으로 출장을 가던 윌슨은 술 유혹을 떨치려고 몸부림치다가 스미스 박사에게 연락해 도움을 청한다. 두 사람은 이전에 만난 적이 없지만, 스미스 역시 역시 알코올 중독자라는 사실을 윌슨은 알고 있었다. 두 사람은 윌슨이 묵고 있던 호텔에서 처음 만났다. 두 사람 모두 술 때문에 가족과 직장까지 잃을 뻔했다는 것을 알고, 자발적 노력으로 알코올 중독을 치료하는 사람들의 모임을 만들기로 의기투합한다. 두 사람의 협력으로 세계에서 가장 성공적인 알코올 중독 치료 프로그램이 만들어졌고, 현재 전 세계 대부분 나라에 협회가 생겼다. 두 사람은 죽을 때까지 다시는 알코올 중독에 빠지지 않았다.

구명보트 팀에는 '흥미로운' 문제가 있다. 팀원 각자가 이룰 수 있는 것보다 훨씬 좋은 성과를 내곤 하지만, 두 사람의 출발점 자체가 매우 낮다는 사실이다. 이 말은 팀의 성과가 일반적 기대보다 낮을 수 있음을 의미한다. 경력상 오점이 없는 사람이라면 한 사람이 충분히 처리할 수 있는 정도의 일을 두 명이 하는 것과 같다.

구명보트 파트너십은 인생의 밑바닥까지 떨어졌던 사람들이 서로를 구출함으로써 만들어지는 특성상 초인적인 상호 헌신을 보이고, 이는 가공할 위력으로 나타난다. 특히 실패 경험이 있는 두 사람에게 감춰진 재능이 있을 경우 더욱 그렇다. 이런 팀을 만나고 고용하는 것은 큰 행운이다. 이들을 원하는 리더가 많지 않기 때문에 적은 비용으로도 고용할 수 있고, 이들은 자신을 구해준 조직에 충성을 다하기 때문이다. 하지만 이런 팀에서는 한 사람이 무너지면 다른 한 사람까지 실패의 늪에 빠지기 쉽다는 것을 유념해야 한다.

차이에 따라 규정되는 페어 관계
유형 8. 음양 - yin and yang

음양 팀은 두 사람의 서로 다른 능력이 조화를 이루어 완벽한 경쟁력을 자랑하는 경우다. 주로 영업직, 교사, 경찰(또는 범죄자) 등의 직종 혹은 창의력을 요구하는 광고, 디자인, 카피라이터 등과 같은 직업군에서 목격된다.

음양 팀에서 한 사람은 예술적이고 다른 한 사람은 경험주의적인 경우가 많다. 한 사람은 언변에 능하고 다른 사람은 숫자에 밝은 경우도 있다. 한 사람은 외향적, 다른 사람은 내향적인 경우도 흔하다.

이런 상반된 조합은 엔터테인먼트 분야에서도 자주 관찰된다. 작사가와 작곡가의 구성을 예로 들면 엘튼 존Elton John과 버니 타우핀Bernie Taupin이 있다. 타우핀은 '굿바이 옐로 브릭 로드Goodbye Yellow Brick Road' 등 엘튼 존의 히트곡 대부분을 작사했다. 아티스트와 프로듀서의 구성을 예로 들면 팝의 전설 마이클 잭슨Michael Jackson과 퀸시 존스Quincy Jones가 대표적이다.

비즈니스 분야에서 음양 팀은 사업가·기술자, 영업 담당·계약 담당, 마케터·생산 담당 등과 같은 형태를 취한다. 소기업에서는 일반적으로 오너 두 명이 영업과 경영을 나누어 맡는다. 하이테크 스타트업은 스티브 잡스와 스티브 워즈니악처럼 사업가 기질의 창업주와 기술 전문가 조합이 보편적이어서, 투자자들은 이런 형태를 갖추지 않은 신생 회사를 의심의 눈으로 바라보기도 한다.

아주 흔한데도 사람들이 잘 알지 못하는 음양 팀의 사례는 혁신 능력의 소유자와 소통 능력의 소유자가 조합된 경우다. 자기 분야에서 큰 성공을 거둔 사람은 실력, 결단력, 실행력 등을 모두 갖춘 경우가 많다. 하지만 이런 사람이 뛰어난 소통 능력까지 갖기는 쉽지 않다.

반대로 무엇보다 소통 능력이 뛰어난 사람이 있다. 복잡한 개념을 쉬운 말로 바꾸고 직관적 은유를 잘 섞어 전달하는 사람이다. 이런 두 종류의 사람을 조합하면 탁월한 성과를 낼 뿐 아니라 시간이 지날수록 팀워크가 더 큰 힘을 발휘하는데, 이는 소통 부분을 맡은 사람의 실력이 향상되는 것과 함께 상대 팀원의 철학과 사고방식에 대한 이해도도 깊어지기 때문이다. 로널드 레이건Ronald Reagan 전 미국 대통령과 그의 베를린 장벽 연설문을 작성했던 피터 로빈슨 Peter Robinson 사례가 대표적이며, 기업 환경에서도 이런 유형은 비일비재하다.

음양 팀은 속성상 매우 불안정할 수밖에 없다. 성향이 다른 두 사람은 근본적으로 다르기 때문이다. 이런 갈등 요인이 지속적으로 반복되다 보면 두 사람은 결국 등을 돌리고 서로를 비난한다. 반대로 빠르게 성공하면서 팀이 깨지기도 한다. 성공이 너무 빨리 찾아오면서 상대방의 가치나 공헌을 충분히 인정하지 않고 자신의 기여만을 과대평가하여, 자기 혼자 하면 더 크게 성공했을 것이라는 착각에 빠지기 때문이다. 음악 그룹, 작곡 팀, 만화 팀(마틴과 루이스) 등이 깨진 사례는 허다하다. 월트 디즈니와 어브 아이웍스Ub Iwerks 같은 크리에이티브 팀에서도 있었고, 특히 비즈니스 파트너 관계에서 많이 일어난다.

음양 팀은 초기 균열을 조심해야 한다. 초반에 작은 균열이라도 생기면 나중에 봉합하기 어려울 정도로 커진다. 깨진 팀 일부는 재결합을 추진하기도 하지만, 재결합 후에는 처음의 팀워크와 같은 강력한 힘을 발휘하기 어렵다.

음양 유형의 또 다른 고전적 형태가 예술가·엔젤 유형의 팀이다.

유형 8-1. 예술가·엔젤 – artists and angels

이 관계는 투자 성격의 파트너십이다. 비유적으로는 보통 사업가와 벤처투자자의 관계를 의미한다. 두 사람은 서로 전혀 다른 분야에서의 전문성을 갖고 있으며, 협력에 대해 추구하는 이해와 가치도 다르고, 성공에 대한 정의 역시 다르다. 빈센트 반 고흐와 테오 반 고흐Theo van Gogh 형제가 고전적 사례다.

동생 테오는 예술가로 명성을 쌓은 형을 재정적·정서적으로 지원했다. 빈센트의 짧은 생애 동안 그의 작품을 구입한 사람은 동생뿐이었다. 미술품 딜러이자 인상파에 대한 대중 인식을 높이는 데 크게 공헌한 테오는 빈센트가 정신 이상 증세를 보였지만 항상 생활비를 대고 병원에 입원시켰고, 형이 세상을 떠나는 순간까지 아무런 조건 없이 곁을 지켰다. 테오가 없었다면 인류 예술 최고의 성과로 꼽히는 빈센트의 위대한 후기 작품도 없었다.

불행하게도 테오는 형이 사망한 후 6개월밖에 더 살지 못했다. 매독이 원인이었던 것으로 의심되지만 사망증명서에 적힌 것처럼 유전 요인, 만성 질환, 과로, 슬픔이 원인일 수도 있다. 아무튼 이런 죽음은 독특한 두 사람의 관계와도 많이 닮았다.

역사적으로 이 유형은 예술 분야에서 가장 흔하다. 성당이나 왕궁에 작품을 남긴 레오나르도 다빈치Leonardo da Vinci, 고야Francisco Goya, 홀바인Hans Holbein, 라파엘로Raffaello Sanzio, 미켈란젤로Michelangelo Buonarroti, 베르니니Gian Lorenzo Bernini 등의 화가와 마키아벨리

Niccolò Machiavelli, 밀턴John Milton, 베이컨Francis Bacon 등의 작가, 헨델 Georg Hendel, 모차르트Wolfgang Mozart, 베토벤Ludwig van Beethoven 등의 작곡가 모두 후원자를 위해 헌신했다.

이런 관계가 르네상스 시기만의 특징은 아니다. 시대는 변했지만 후원자가 또 다른 부유층으로 바뀌었을 뿐이다. 예를 들면 릴케 Rainer Maria Rilke는 스위스 사업가이자 내연 관계였던 베르너 라인하르트Werner Reinhart와 예술가·엔젤 관계를 유지했다. 페기 구겐하임 Peggy Gugenheim은 칸딘스키Wassily Kandinsky, 뒤샹Marcel Duchamp, 폴록 Jackson Pollack 등과 같은 유형의 관계를 유지했다. 요즘도 예술가는 국립예술기금 같은 정부 관련 기관에서 후원자를 찾거나 이런 기관을 통해 후원자의 도움을 받는다.

예술가·엔젤 팀은 최근에 와서 새롭고 막강한 후원자 층이 생겼다. 하나는 크리에이티브 전문가를 지원하는 기업의 고위 임원이다. 자동차 산업에서는 오랫동안 고위 임원과 디자이너 팀 간에 이런 관계가 존재했다. GM의 로렌스 피셔Lawrence Fisher와 할리 얼 Harley Earl, 스튜드베이커Studebaker의 버질 엑스너Virgil Exner와 레이먼드 로위Raymond Loewy 등이 그 사례다. 20세기 최고의 디자이너라고 할 수 있는 로위는 다른 여러 기업의 임원들과도 유사한 관계를 유지했다.

패션 디자이너 업계에도 이런 유형이 많다. 디자이너와 사업가 간에 주로 형성되는데 때로는 친밀한 관계로 발전하기도 한다. 사업가는 대개 전면에 나서지 않는다. 최소한 피에르 베르트하이머 Pierre Wertheimer와 코코 샤넬Coco Chanel 때까지는 그랬다. 입 생 로 랑Yves Saint Laurent, 조르지오 아르마니Giogio Armani, 크리스챤 디올 Christian Dior의 경우도 마찬가지였다.

하지만 가장 성공적인 예술가·엔젤 페어 형태는 스타트업 창업자 와 엔젤투자자 간의 관계다. 엔젤투자자는 스타트업이 벤처캐피털 의 대규모 자금 지원을 받기 전에 제품과 서비스를 개발하도록 돕 는 최초 투자가로, 창업자와 매우 긴밀하게 협조한다. 엔젤투자자 없이는 스타트업이 출발선에 서기조차 어렵다.

예술가·엔젤 팀은 역량의 중복이나 이해관계의 충돌이 거의 없어 가장 실용적인 관계로 꼽힌다. 다른 파트너십 유형에서 종종 발견 되는 감정 대립, 경쟁, 질투 등이 생길 위험도 가장 적다. 예술가·엔 젤 팀이야말로 두 사람이 상대의 성공을 위해 노력할 동기가 가장 크다.

이 팀은 생성과 소멸의 패턴도 매우 실용적이다. 대개 어떤 사업 상 목적이 있을 때 형성되고, 그 목적이 달성되면 소멸된다. 감정의 잔해 때문에 관계가 마무리되지 못하는 경우가 없다. 관계를 정확 하게 맺고 끊기 때문에 팀은 최고의 생산성과 결과물을 내는 동안 만 유지된다.

유일한 위험은 스벵갈리Svengali 식으로 아티스트를 착취하는 경 우다. 헝가리 음악가 스벵갈리는 19세기 말에 대성공을 거둔 소설

《트릴비》에 나오는 악한으로, 매력적인 젊은 모델 트릴비에게 최면을 걸어 기억을 지운 후 그를 위대한 가수로 만들고 노예로 삼는다. 톰 파커Tom Parker와 엘비스 프레슬리Elvis Presley, 미국 프로 복싱계의 전설적 프로모터인 돈 킹Don King과 여러 프로 복서들 간의 관계가 그랬다.

유형 9. 평형추 - counterweights

이 유형은 음양 팀과 유사하다. 다만 음양 팀이 역량의 상호 보완성을 전제로 한다면, 평형추 팀은 인품과 성격의 상호 보완성을 기반으로 한다. 음양 팀에서는 직업적 전문성 때문에 서로를 필요로 하지만, 평형추 팀에서는 개인적 특성이 중요하다. 이로 인해 건전하지 않은 관계로 발전하는 경우도 간혹 있다.

이 유형은 자존심과 증오심으로 깨질 확률이 높다. 설상가상 의존성과 혐오까지 개입되기도 한다. 이들은 종종 소설이나 영화의 소재로도 쓰이며, 두 사람의 복잡한 관계는 위대한 성공으로 이어지기도 하고 고통스러운 결별 또는 폭력으로 치닫기도 한다.

평형추 팀에도 다양한 부류가 존재하여 사람들은 끊임없이 호기심을 가지고 추측한다. 서로 극과 극인 남녀가 결혼하는 경우처럼, 사람들은 이들의 결합에 여러 가지 의문을 갖는다. 두 사람이 어떻게 만났는지, 공통점은 있는지, 어떻게 헤어지지 않고 사는지 등과 같은 관심이다.

대중문화 분야에서 이런 유형의 가장 대표적인 사례가 영화 「스타트렉」의 캡틴 커크Captain Kirk와 미스터 스팍Mr. Spock이다. 다른 분야에서도 이런 유형은 흔히 발견된다. 페이스북의 젊은 창업주 마크 저커버그와 그보다 훨씬 나이가 많은 셰릴 샌드버그, 오라클의 래리 엘리슨 회장과 CEO인 사프라 캣츠Safra Catz 등이 그렇다. 또 탐험 분야에도 이런 유형이 있다. 루이스Louis와 클라크Clark, 로버트 피어리Robert Peary와 폴 시플Paul Siple의 관계가 그렇다. 오빌과 윌버 라이트 형제 역시 평형추 유형의 특성을 어느 정도 보였다.

경험적으로 보면 모르몬교 선교 팀이 가장 효과적인 평형추 팀 유형이다. 짝을 지어 선교 활동을 하는 두 사람은 정서적 결합을 통해 극도의 스트레스를 이겨낸다. 처음 접하는 환경에서 선교라는 임무를 완수해야 하는 것이 얼마나 큰 도전인가. 이런 상황은 평형추 팀이 어떤 경우에 가장 효과적인지 큰 시사점을 준다. 어렵고 부담스럽고 때론 위험하기까지 해서 한 사람의 강점만으로는 극복하기 어려운 큰 도전을 견디고 쿨하게 현실을 판단해야 할 때가 바로 그런 상황이다. 상호 보완적 특질을 가진 사람들이라면 이런 상황을 좀 더 효과적으로 극복할 수 있다.

평형추 팀은 인간 심리의 밑바탕에 기반하여 작동하기 때문에 강한 면모를 보인다. 그래서 두 사람의 성격, 배경, 라이프스타일에서 오는 차이를 극복하게 만든다. 이는 각 팀원이 자기의 약점을 상대를 통해 보완한다는 데서 오는 위안과 만족이 있기에 가능하다. 결국 외부 사람들은 이렇게 안 어울려 보이는 팀을 보면서 머리를 긁적인다. 놀기 좋아하고 심각한 것을 극도로 싫어하는 사람이 유머와는 담을 쌓은 모범생 스타일과, 아슬아슬하게 살아가는 범죄형 사람이 철저한 원칙주의자와, 독실한 신자가 신앙심이 전혀 없는 사람과, 가정에 헌신적인 사람이 난봉꾼과 팀을 이루는 등 조금만 찾아봐도 사례는 무수히 많다. 오린 해치Orrin Hatch와 테드 케네디 Ted Kennedy 상원의원의 경우가 그랬고, 배우였던 월리 콕스Wally Cox 와 말론 브란도Marlon Brando가 그랬다. 이런 유형에 존재하는 위험 요인은 의존성이다. 심한 경우에는 회복 불가능할 정도로 관계가 망가지거나 폭력으로까지 번지기도 한다.

이 유형에서 가장 주의할 점은 서로 건드리지 말아야 할 부분을 명확히 해두는 것이다. 탁월한 팀워크에도 불구하고 성격과 스타일의 차이가 너무 크기 때문에, 특정 부분에 대해서는 적당히 눈감아 줄 필요가 있다. 눈감아주는 정도로 부족하다면 문제가 될 만한 부분을 완전히 격리해야 한다. 이것을 얼마나 잘 처리하느냐가 평형추 팀의 성공을 좌우한다. 다른 사람이라면 절대 용납하기 어려운 특성, 태도, 신념, 행동을 상대에게만은 예외적으로 참을 수 있느냐가 관건이다.

인텔의 초기 경영진은 비즈니스 분야의 가장 성공적인 트리오로 알려져 있다. 하지만 세 명이 되기 전, 이들의 관계는 로버트 노이스와 고든 무어에서 시작되었다. 두 사람은 성격과 라이프스타일이 아주 달랐지만 서로를 절대적으로 신뢰하고 존중했다. 서로 다른 성격이 합해지면서 20세기에 가장 중요한 회사의 반열에 오른 페어차일드와 인텔이 탄생했다.

실리콘밸리 역사에서 큰 성공을 이뤘음에도 세간에 별로 알려지지 않은 평형추 팀 사례는 폴 배런Paul Baran과 스티브 밀러드Steve Millard다. 배런은 당대 최고의 발명가였다. 그가 개발한 패킷 스위칭 기술은 인터넷을 가능하게 한 것으로 인정받고 있으며, VoIP 기술은 무선 통신 분야에서 비슷한 역할을 했다. 하지만 배런은 같이 일하기가 매우 어려운 사람이었다. 반대로 밀러드는 전형적인 젠틀맨 스타일에, 실리콘밸리에서 발이 제일 넓은 사람으로 알려졌다. 그리고 포춘 500대 기업에서 수조 원의 사업을 책임지는 부사장 출신이기도 했다.

두 사람은 5개 회사를 공동 창업했고, 배런은 항상 엔지니어·개발자 역할을 했다. 그는 대인 관계 능력이 약해, 투자자를 찾고 조직과 사람 문제를 해결하는 일은 늘 밀러드의 몫이었다. 밀러드는 조직문화를 만들고 인사 관련 이슈를 해결하는 데 많은 시간을 투자해서 내부적으로는 "배런은 기술 담당, 밀러드는 사람 담당"이라는 평가가 있었다. 두 사람이 각자 사업을 했다면 결코 그렇게 성공적인 회사를 만들지 못했을 것이다. 두 사람이 창업한 5개 회사는 모두 상장했고 예외 없이 10억 달러 이상의 시장 가치를 만들었다.

두 사람은 개인적 차이에도 불구하고 끝까지 팀으로 남았다. 폴 배런은 죽는 날까지도 밀러드와 함께 원거리 의료 관련 분야의 창업 아이디어에 관한 의견을 나눴다.

다음에는 평형추 팀 유형의 좀 더 극단적인 변형을 살펴보자.

유형 9-1. 인사이드·아웃사이드 – inside·outside

이 팀은 야누스적 특성을 갖는다. 두 사람이 죽이 잘 맞는 것은 아이러니하게도 완전히 다른 분야를 바라보기 때문이다. 한 사람은 외부, 다른 사람은 내부를 챙긴다. 이런 관계는 친구 또는 부부에서 흔히 관찰되며, 두 사람은 주로 내성적·외향적, 집단적·고립적 성향으로 나뉜다. 인사이드·아웃사이드 팀은 앞에서 설명한 몇 가지 다른 유형과도 일부 공통점을 갖지만 결정적 차이가 있다. 즉, 두 사람은 자신이 맡은 분야에서 확실한 전문가이고, 상대의 영역에 거의 간섭하지 않는다는 점이다. 서로 긴밀하게 작용하는 경우는 드물고, 하더라도 핵심 정보를 공유하는 정도뿐이다.

비즈니스 세계에서 이 팀은 관계보다는 해당 직무 분야의 필요에 의해 구성된다. 예를 들어 영업 조직에서 2인 1조로 팀을 짤 때, 판매 스킬이 뛰어난 사람과 그를 잘 지원할 수 있는 사람을 붙인다. 판매 담당은 달변에 외향적이고 붙임성 있는 반면 영업 관리, 영업 지원, 마케팅 운영 등 지원 역할을 하는 사람은 거의 사무실에서 일하면서 계약 구조, 가격 정책, 납기 관리 등을 속속 꿰고 있다. 기업 내에서는 이 외에도 대외 업무를 담당하는 사람과, 내부 시스템이 문제없이 돌아가도록 안살림을 맡는 사람으로 나뉜다.

앞에서 살펴본 다른 유형도 인사이드·아웃사이드 팀의 특성을 어느 정도 갖고 있다는 것을 눈치챘을 것이다. 이런 특성은 특히 경력 초반에 두드러지게 나타난다. 예를 들어 래리 엘리슨과 레이 레인, 월트 디즈니와 로이 디즈니, 윌리엄 듀런트와 알프레드 슬론, 앤드류 카네기와 헨리 프릭 등이 그렇다. 왜냐하면 창업 초기에는 한 사람은 설계와 생산 등 내부 운영을 챙기고 다른 사람은 투자자와 고객 관계를 처리하는 식의 분업이 효율적이기 때문이다.

이 유형에는 여러 가지 하위 유형이 있을 수 있다. 필자들이 확인한 가장 전형적이고 효과적인 유형은 다음 3가지다.

유형 9.1.1. 찍새와 딱새 – finder and grinder

원래 법무법인에서 업무를 구분할 때 쓰는 표현으로, 사건을 수주하는 사람과 그 사건을 처리하는 사람을 의미한다. 수주를 담당하는 사람은 외부에서 사건을 수임해 오기 위해 마케팅이나 홍보 역할을 하며, 내부에서 일하는 변호사들은 법률의견서를 작성하는 등 의뢰인 대상 법률 서비스를 책임진다. (한국에서는 사무실을 돌며 구두를 모아 오는 '찍새'와, 이를 시간 안에 모두 닦는 '딱새'로 구두닦이 일을 나눈다.-역주) 찍새와 딱새 팀은 광고, 출판, PR, 디자인, 마케팅 등 에이전시 형태의 기업과 컨설팅, 법무, 회계, 엔지니어링 등 전문 서비스 기업에서 흔히 찾아볼 수 있다.

유형 9.1.2. 투수와 외야수 - pitcher and fielder

이 유형은 찍새와 딱새보다도 한 단계 세분화된 유형이다. 찍새와 딱새가 의뢰 안건의 수임과 실행을 폭넓게 구분한 것이라면, 투수와 외야수 팀은 수임 단계에서 더 세분화된 분업을 의미하며 주로 대형 전문 서비스 기업에서 활용된다. 규모가 작은 조직에서는 이 정도로 세분화된 역할 구조를 유지하기 어렵다. 이와 같은 팀 유형은 대형 프로젝트 수주를 목적으로 한다. 투수는 잠재 고객에게 매력적인 프레젠테이션을 하고, 외야수는 일단 고객이 긍정적인 의사결정을 한 후 상세한 계약서와 세부 조항을 작성하는 역할이다. (피처는 야구의 투수라는 의미와 프레젠테이션 발표자라는 의미가 모두 있다. 빅딜을 수주할 때 수장 격인 리더가 프레젠테이션을 하지만, 실무적으로 업무 범위나 계약 조건 등을 챙기는 사람이 외야수와 같은 역할을 한다는 비유다.-역주)

유형 9.1.3. 익스플로러와 내비게이터 - explorer and navigator

탐사대가 미개척지를 탐험할 때, 한 사람은 장애물을 제거하며 이동 경로를 확보하고(익스플로러), 다른 한 사람은 뒤따르면서 방위와 지도를 보면서 주요 지형지물을 확인(내비게이터)한다. 익스플로러가 제 역할을 하지 못하면 탐사대는 정해진 시간 안에 목표 지점에 도달할 수 없다. 반대로 내비게이터가 제대로 하지 못하면 탐사대는 방향을 잃거나 같은 지역을 빙빙 돌아 목적지에 이를 수 없다.

이런 팀의 원형은 쿡James Cook과 블라이James Bligh, 피어리와 헨슨Matthew Henson, 힐러리Edmund Hillary와 노르게이Tenzing Norgay, 프리몬트John Fremont와 카슨Kit Carson 등에서 찾아볼 수 있다.

차등성에 따라 규정되는 페어 관계

유형 10. 포스형 – remember the force

멘토와 멘티로 이뤄진 관계다. 한 사람은 경험이 많은 연장자이고 다른 한 사람은 젊은 신인이다. 이 유형의 명칭은 영화 「스타워즈Star Wars」의 주인공 루크 스카이워커Luke Skywalker와 스승 오비완 케노비Obi-Wan Kenobi의 관계에서 따온 것이다. 이 영화에서 스승 오비완은 루크에게 입버릇처럼 "포스를 기억하라Remember the force"라고 이야기한다. 영화의 설정에서 루크는 오비완의 젊은 시절을 상징한다.

이렇게 포스형 팀에서는 연장자·신인 조합이 가장 오래되었고 또한 가장 오래 지속된다. 이 유형은 왕위와 귀족 계승의 역사에 뿌리를 두고 있고, 마스터와 도제 관계를 기반으로 하는 중세 유럽의 길드 시스템과도 닿아 있다. 이는 근대에 이르러 교사·학생 관계로 이어졌다.

포스형 팀은 스승·도제 유형이 대표적이지만 다른 형태도 존재한다. 기업 내에서 남성 고위 임원이 상대적으로 직위가 낮은 여성 직원을 멘토링하는 경우가 대표적이다.

이런 남성·여성 간의 멘토 관계는 오해의 위험 때문인지 잘 언급되지 않지만 흔히 발견된다. 필자는 전국 공영 방송의 인터뷰 프로그램인 「모두를 걸어라Betting It All」에서 진행자로 활동했었다. 이 프로의 한 시즌은 여성 임원 특집으로 구성되었고 자동차, 금융, 컴퓨터 등 다양한 분야에서 성공한 여성 임원들이 참가했다. 민감한 내용을 언급했다가는 1~2년간 언론에 오르내릴 것을 알면서도, 놀랍게도 많은 여성 임원이 자신이 성공을 이루기까지 남성 멘토에게서 얼마나 큰 도움을 받았는지 솔직하게 이야기했다. 프로그램이 끝나갈 무렵에는 아예 인터뷰 초반에 멘토에 대해 질문할 정도였다. 그리고 그런 질문에 참가자들은 항상 긍정적으로 대답했다.

연상의 남성과 연하의 여성 관계에는 외부에서 오는 편견과 질투 등 위험 요소가 항상 존재한다. 하지만 이 관계가 로맨스로 발전하는 경우는 극히 드물다. 실제로는 아버지와 딸과 같은 경우가 많기 때문이다. 최근에는 여성 임원이 늘면서 이 관계가 줄고 있다. 이런 관점에서 보면 이 유형의 관계가 철저하게 효율성에 기반한다고 생각하지만, 사실 두 사람 사이의 깊은 신뢰에 기반하기도 한다.

포스형 팀의 또 다른 유형은 은퇴를 앞둔 전설의 운동선수나 코치가 유망한 젊은 선수에게 자신의 지혜와 경험을 나누는 경우다. 요기 베라Yogi Berra는 뉴욕 양키스 팀 선수들과 수십 년간 그런 관계를 유지했고, 토니 라제리Tony Lazzeri와 젊은 시절 조 디마지오Joe DiMaggio의 사이도 그랬다. 스탠 뮤지알Stan Musial은 켄 보이어Ken

Boyer와 젊은 시기 루 브록Lou Brock의 멘토였고, 다음 세대인 앨버트 푸졸스Albert Pujols의 멘토였다. 농구에서 가장 유명한 사례는 필 잭슨Phill Jackson이다. 12년간 프로 생활을 한 그는 마이클 조던Michael Jordan을 발굴하고 키웠다.

스포츠 멘토십 모델은 영화에서 군대에 이르기까지 다양한 분야에서 찾아볼 수 있다. 특히 군대에서는 경험과 나이가 많은 비임명직 하사관이 계급이 더 높은 신임 장교들에게 도제식으로 경험을 전수한다. 영국의 SAS, 미국의 네이비실Navy Seal, 미국 육군 델타포스Delta Force 등의 특수부대는 공식 교육 프로그램을 보완하는 훌륭한 멘토링 프로그램을 가진 것으로 유명하다.

포스형 팀에는 몇 가지 중요한 강점이 있다.

- **시행착오를 줄인다.** 스승이 오랜 세월을 통해 체득한 것을 짧은 시간 안에 전수한다. 따라서 두 사람은 팀을 만들자마자 높은 생산성을 발휘한다. 반면 쌍둥이 팀은 서로 배워가면서 오랜 시간을 투자해야 하기 때문에, 최고의 성과를 내기까지 오랜 시간이 걸릴 수 있다.

- **시대를 초월한다.** 수십 년 내공을 축적한 스승은 은퇴를 앞두고 있지만, 자신의 경험과 노하우를 제자에게 전수함으로써 이것이 다시 수십 년 더 지속되게 만든다. 제자는 다시 다른 사람의 스승이 되어 몇십 년 더 이어간다. 위대한 유럽의 길드 중에는 이런 멘토·멘티 관계가 13세기부터 지금까지 끊기지 않고 이어가는 곳도 있다. 런던길드조합에는 약국, 총포, 안경, 철물, 택시 등 다양한 분야가 포함되

어 있다. 이 같은 지속성으로 포스형 팀의 가장 큰 한계, 즉 둘 중 한 명을 먼저 잃게 되는 문제를 극복할 수 있다.

- **개인의 약점을 줄인다.** 자녀가 성인이 되고 은퇴를 바라보는 중년의 전문가와, 대학을 갓 졸업하고 주택담보대출도 없는 상태로 어떻게 살아야 할지 고민하는 젊은 도전자가 성향, 에너지, 목표 등에서 똑같을 수는 없다. 두 사람이 만나서 성공적 팀워크를 이뤄낸다면 성숙함과 야망, 신중함과 도전의식, 인내심과 열정 등 상반되는 강점을 동시에 지닌 막강한 팀이 만들어지는 것이다. 이런 팀을 이기기란 쉽지 않다.

- **맥락을 쉽게 이해한다.** 젊은 사람은 흔히 에너지와 재능이 있지만 지혜와 판단력은 부족하다. 새로운 아이디어가 가치가 있고 해볼 만한지, 아니면 과거의 실패를 반복하지 않기 위해 포기해야 할지 판단하기 어렵다. 그래서 많은 시간과 돈을 허비하기도 한다. 반대로 나이가 많은 사람은 경험과 지식이 풍부하고 성공과 실패 패턴에 대한 판단력은 좋지만 떠오르는 시장과 소비자에 대해서는 잘 모른다. 이 두 사람을 합쳐놓으면 첨단의 트렌드뿐 아니라 과거 경험에 기반한 판단력까지 갖춘 강한 팀을 만들 수 있다.

회계 및 감사 전문 기업인 KPMG의 네덜란드 암스텔베인 본사는 유명한 멘토링 프로그램을 갖고 있다. 매년 채용되는 인턴 수백 명은 예외 없이 멘토십 프로그램을 이수해야 한다. 여름에만 근무하는 인턴도 있고, 전국 단위 교육까지 받는 인턴도 있다. 우수한 후보자는 국제 프로그램에 참여하기도 한다. 어떤 경우든 모든 인턴에게 처음부터 멘토가 지정된다. 멘토는 인턴이 일상 업무에서 맞닥뜨리는 문제에 대해 도움을 준다.

멘토링 프로그램에 대해 KPMG는 이렇게 말한다. "멘토는 인턴이 도전을 극복하고 성공할 수 있도록 영감을 준다. 멘토는 젊은 직원이 새로운 기회를 볼 수 있게 해주고, 성공적인 경력을 쌓을 수 있도록 조언하기 때문이다."

그렇다면 모든 멘토와 인턴이 포스형 팀을 만들 수 있을까? 그렇지는 않다. 많은 인턴은 멘토에게 자주 연락하지 않는다. 인턴 기간에도 그렇고, 인턴이 끝나면 말할 것도 없다. 바쁜 멘토들 역시 인턴과의 관계 유지를 위해 많은 시간을 투자하지 않는다. 그럼에도 멘토링 프로그램을 유지하는 것은 성공 사례가 많고, 그런 경우 좋은 관계가 오랫동안 유지되기 때문이다.

KPMG 멘토링 프로그램에는 또 다른 혜택이 있다. 팀은 개인보다 효과적이지만, 팀을 구축하는 데에는 시간이 걸린다. 갓 졸업한 인턴을 낯선 사무실에 앉혀놓으면 누구와 일하고 누구에게 물어봐야 할지 알 길이 없다. 일을 제대로 시작하지도 못하고 짧은 인턴 기간을 마치기 쉽다. 베테랑 직원과 팀을 맺어줌으로써 학습곡선을 극적으로 단축시키고 빠른 시일 내에 일할 수 있게 하는 것이다. 신참과 베테랑을 맺어주는 방식이 최적은 아닐 수 있지만, 인턴을 사무실에 풀어놓고 방치하는 것보다는 훨씬 좋다.

유형 11. 우상 숭배 – the distant idol

이것은 멘토 관계의 극단적 유형이다. 1925년 광고업에 종사하던 브루스 바튼Bruce Barton이 쓴 베스트셀러 《예수의 인간 경영과 마케팅 전략The Man Nobody Knows》은 '영성靈性 비즈니스'라고 할 수 있는, 완전히 새로운 장르를 개척했다. 이 책은 실제로 신약성서의 내용을 비즈니스 맥락으로 다시 쓴 것이다. 주인공인 예수 그리스도는 "현대 비즈니스의 아버지"이자 "역사상 가장 위대한 기업 경영자"로 표현된다. 예수는 스타트업(12명의 제자)을 통해 세계에서 가장 위대하고 성공적인 조직을 만들어낸, 과단성 있는 관리자이자 영감을 주는 리더로 묘사된다.

일부 평론가는 이 책의 심각한 내용과 과장된 주제를 풍자했지만, 기업인 수백만 명은 2000년 전 세상을 떠난 인물에게서 새로운 리더십을 발견했다. 때로는 이미 고인이 된 위대한 인물을 통해 무미건조한 삶의 공백을 채워줄 영감을 얻게 되는 경우가 많다. 바튼의 책이 나오기 100년 전쯤 스탕달Stendhal은 비슷한 주제로 소설 《적과 흑Le Rouge et le Noir》을 썼다. 소설의 주인공은 시골뜨기 소년에서 프랑스 사회의 최고위층까지 올라가는데, 자신이 우상으로 추앙하는 (당시 유배 중이던) 나폴레옹Napoleon Bonaparte에 대한 강박적 애착, 영웅의 야망과 과단성 있는 행동을 모방하려는 욕구가 주된 동기였다.

멀리 있는 우상을 숭배하는 것은 일종의 고스트ghost 파트너십이다. 관계를 맺는 한쪽이 이미 오래전에 죽은 사람이거나 최소한 만날 수 없는 사이이기 때문이다. 이런 관계는 일방적일 수밖에 없다. 살아 있는 사람에게는 "당신이라면 어떻게 했을까요?"라고 질문할 수 있지만, 이 경우 멘토는 인용구나 금언의 형태로만 답변한다. 이미 과거의 인물이 된 멘토의 행적, 주로 기록이나 구전의 형태로 남아 있는 것들을 집대성하고 충분히 이해함으로써 자신이 행하려는 것에 대한 조언을 상상하는 정도다.

이 유형을 책에 포함하는 것이 이상하게 느껴질 수도 있다. 관리할 수 없는 팀이기 때문이다. 그런 팀을 또 어떻게 성장시킬 수 있겠는가? 이미 수백, 수천 년 전에 세상을 떠난 인물의 조언이 인터넷 속도로 바뀌는 21세기 비즈니스 의사결정에 어떻게 적용되겠는가?

하지만 이런 관계는 우리가 생각하고 인정하는 것보다 일반적이다. 《예수의 인간 경영과 마케팅 전략》이 지난 세기의 베스트셀러였다는 것은 이미 언급했다. 나폴레온 힐Napoleon Hill의 유명한 책 《성공의 법칙Think and Grow Rich》 역시 마찬가지다. 이 책은 눈앞에 앉아 있는 가상의 역사적 인물들에게 질문을 던지라고 독자들에게 권유한다. 물론 이 내용은 오늘날 기준으로 보면 시대착오적일 수 있다. 그렇다고 해서 이런 관계를 부인할 필요는 없다.

이 관계는 색다른 형식을 취했을 뿐이다. 중국의 정치철학자인 손자孫子, 프러시아의 군사전략가인 카를 폰 클라우제비츠Carl von

Clausewitz, 훈족의 전설적인 정복왕 아틸라Attila 등과 같은 역사적 인물에게서 경력과 전략에 관한 지혜를 인용하는 경영서가 얼마나 많은가. 이런 유의 책에 부적절한 내용이 일부 담겨 있다고 해도, 많은 독자는 책의 메시지를 심각하게 받아들이고 자신의 직장 생활에 적용한다.

우상 숭배형 관계는 경영 분야 유명 인사의 자서전이나 영화의 단골 소재이기도 하다. 이런 작품은 '성인전聖人傳, hagiography'에 기원을 두고 있다. 성인전은 위대한 인물의 인생을 이상적으로 묘사하는 장르로, 서양에서 르네상스 때 등장했고 20세기까지 이어져 1918년 출간된 리튼 스트레이치Lytton Strachey의《빅토리아 시대 명사들Eminent Victorians》에서 그 전형을 볼 수 있다.

유명인의 자서전과 유명 기업의 역사를 다룬 다양한 책이 매년 출간된다. 이런 책은 과거의 영웅적 인물을 지금의 관점으로 재해석하고 교훈을 도출하여 현실에 적용하는 것이 목적이다. 최근 몇 년 사이 최고의 베스트셀러로 꼽히는 월터 아이작슨Walter Issacson의《스티브 잡스》부터 도리스 굿윈Doris Goodwin의《권력의 조건Team of Rivals》에 이르기까지 많은 책이 호평받았던 것은 내용이 좋았기 때문만이 아니라 그 교훈을 독자의 삶에 적용할 수 있었기 때문이다. 링컨Abraham Lincoln, 루스벨트Franklin Roosebelt, 처칠Winston Churchill, 워싱턴George Washington 같은 인물은 여러 세대에 걸쳐 숭배의 대상이 되었고, 링컨 관련한 책만 해도 1000종이 넘는다.

여기에는 두 사람이 함께 일하면서 생기는 현실적이고 복잡한 갈등에서 자유롭다는 강점이 있다. 이 팀에는 짜증 나는 습관을 가졌거나, 기분에 따라 화를 내거나, 배신하는 팀원이 없다. 두 사람의 의견이 일치하지 않거나 갈라서는 경우도 없다. 위인은 사람을 놀라게 하지도 않고, 예기치 못한 실패를 하지도 않는다. 위인은 이미 성공을 거둔 사람이고, 그들 이야기는 항상 해피 엔딩이다.

사람들이 위인을 숭배하는 이유가 바로 그것이다. 또한 현실에서는 위대한 인물을 팀원으로 만들기 어렵다. 워싱턴의 용기, 링컨의 정직, 여왕 엘리자베스 1세Elizabeth I나 조지 패튼George Patton 장군이나 알프레드Alfred 대왕 등의 과단성을 갖춘 사람을 찾기는 거의 불가능하다.

치명적 단점은 이런 위인이 (이미 죽었기 때문에) 더 성장하거나 변화하는 환경에 적응하지 못한다는 것이다. 이미 고인이 된 위인은 살아 있는 팀원의 잘못된 해석을 바로잡아 주지 못한다. 위인의 지혜를 상황에 맞춰 적절하게 변용하며 해석하는 것이 중요한 이유다.

유형 12. 칼과 방패 – the sword and the shield

이 유형의 주된 목적은 보호다. 얼핏 후방 경계형 팀과 비슷해 보이지만, 한 사람은 힘과 권한이 있고, 다른 사람은 특별한 권한 없이 상대적으로 취약하다. 관계는 대부분 짧게 끝나고 협조 정도에 따라 결과가 크게 달라진다는 점에서 포스형 팀과도 다르다. 이 관계에서 한 사람은 혁신적 아이이디어를 실행에 옮기고, 다른 한 사람은 그를 관료주의적인 조직의 방해로부터 자유롭게 해주는 역할을 한다.

기업이나 정부기관에 이런 유형이 많다. 이들의 성공담은 조직 신화의 단골 소재다. 이야기는 대개 이렇다. 탁월한 재능을 가진 직원이 새로운 시도를 하다가 공룡 같은 조직문화에 부딪친다. 아이디어가 너무 급진적이거나, 조직의 기존 전략과 동떨어져 있거나, 아니면 조직 내 혁신을 일으킬 만한 정치적 힘을 가지지 못했기 때문이다. 그냥 놔두면 팀원은 내부의 엄청난 저항과 공격을 받는다. 재무 부서, 중간관리자, 비용 담당, 인사 담당 등 많은 직원이 이 사람의 시도를 조직에 대한 위협으로 간주하고 회사에서 쫓아내려고까지 한다.

다행히도 영웅에게는 수호천사가 있어서, 백마의 기사처럼 나타나 젊은 영웅이 보수적 조직문화의 희생양이 되지 않도록 지켜준다. 백마의 기사는 위험해 보이는 프로젝트가 승인되도록 돕는다. 때로는 그 프로젝트가 가져올 파장을 잘 모르고 하는 경우도 있다. 어쨌거나 중요한 것은 이단아가 구원을 받았다는 것이다. 운이 좋다면 이단아 덕분에 조직은 새롭고 빛나는 길로 나아갈 수 있다.

칼과 방패 팀 사례 중 가장 성공적이면서도 세상에 덜 알려진 사례는 20세기 최대의 발명품인 마이크로프로세서와 관련된다. 바로 인텔이 마이크로프로세서를 발명한 이야기다. 1960년대 탁상

용 계산기 시장에서 경쟁력을 높이기 위해 고전하던 일본계 전자회사 비지컴Busicom은 결정적 한 방을 노리고 있었다. 자사 제품에 공통으로 사용될 IC 칩을 완전히 혁신적인 방식으로 설계하기로 한 것이다. 이 설계의 강점은 제품 하나당 사용되는 칩을 수십 개에서 8~12개로 줄이는 것이었다. 이는 제품의 크기, 가격, 복잡성을 획기적으로 바꾸는 것이었다. 비지컴은 이 프로젝트를 인텔에 발주했다. 당시 인텔은 페어차일드에서 분사한 여러 반도체회사 중 하나에 불과했다. 인텔이 이 프로젝트를 딴 것은 기술 분야의 리더라는 명성 덕분이기도 하지만 로버트 노이스의 영향이 컸다. 노이스는 IC 칩 자체를 공동 발명한 주인공이고, 일본 전자업계에서는 영웅으로 추앙받고 있었다.

인텔은 프로젝트를 수주했고, 비지컴은 엔지니어 일부를 인텔에 파견했다. 인텔의 젊고 똑똑한 과학자 테드 호프Ted Hoff가 리더를 맡았다. 원래는 비지컴 엔지니어들이 실무를 하고, 호프는 총괄 역할을 하며 조언자로 남기로 되어 있었다. 호프는 인텔의 사운이 달린 메모리칩 제조 수율 제고에 대부분의 시간을 쏟아야 하는 상황이었기 때문이다.

호프는 두 가지 업무를 모두 해냈다. 호프는 얼마 지나지 않아 계산기 칩셋을 만드는 훨씬 효율적인 방법이 있다는 사실을 깨달았다. 당시 DEC 사가 제작한 혁신적인 VAX 미니 컴퓨터의 아키텍처를 활용하면 6개 이하의 칩으로도 충분히 가능했던 것이다. 호프는 노이스를 찾아가 승인을 요청했다. 노이스는 이 요청을 거절할 이유가 충분했다. 당시 인텔의 부사장이었던 앤디 그로브는 비지컴의 프로젝트가 거의 완성 단계에 와 있었으므로 호프에게 인텔 자체의 메모리 사업 회생에 집중하라고 요구했다. 당연한 요구였다. 당시 계산기 사업이 부실해지면서 비지컴은 파산을 향해 가고 있었기 때문이다. 이미 수행한 프로젝트 용역비도 제대로 받을 수 있을지 불확실했던 이유도 있었다.

하지만 노이스는 미래에 대한 남다른 안목과 두려움 없는 의사결정 스타일을 가진 리더였다. 그는 직감에 따라 결정했다. 인텔연구소 한쪽에서 마이크로프로세서 관련 아이디어를 실행에 옮길 권한을 호프에게 주었다. 노이스는 그로브뿐 아니라 회사 안팎의 누구에게도 이 사실을 알리지 않았다(공동 창업주인 고든 무어도 처음에는 몰랐다). 그리고 호프에게 스탠 마조르Stan Mazor와 시마 마사토시Masatoshi Shima(비지컴에서 파견)를 포함한 최고의 인력을 제공했다. 인텔 내부에서 인력 관련 비용에 대한 통제가 심해지자 당시 페어차일드 직원이자 실리콘 게이트를 발명한 슈퍼스타급 엔지니어 페데리코 파진Federico Faggin을 영입하게 도와주기도 했다. 결국 호프가 프로젝트에서 강제 하차한 후에도 이 팀은 계속 유지되었고, 1969년 크리스마스 휴가 중에도 빈 연구실에서 개발을 강행하여 세계 최초의 마이크로프로세서 Intel 4004(칩 4개로 구성)를 만들어냈다.

그 후 10년에 걸쳐 인텔은 메모리칩 사업을 접고 마이크로프로세서 사업 쪽으로 방향을 완전히 바꾸었다. 인텔은 역사상 가장 가치 있는 회사로 전자산업 시대의 방향을 결정한 기업이 되었다. 호프, 파진, 마조르, 시마는 엄청난 영광을 누렸다. 하지만 이 이야기의 진짜 주인공은 노이스다. 카리스마와 과감성으로 무장한 이 실리콘밸리의 전설은 자신보다 직급이 훨씬 낮은 동료가 꿈을 이룰 수 있도록 자신의 명성과 회사의 생존을 걸고 도왔던 것이다.

칼과 방패 팀에서 흥미로운 점은 '보호'를 제공하는 측이 별로 얻는 것이 없고, 일이 잘못되면 잃을 게 많다는 것이다. 방패 역할을 수행하는 사람은 자기가 잘 알지도 못하는 사람을 위해, 일이 잘되어도 거의 인정받지 못하는 일에 어렵게 쌓아 올린 자신의 정치적·문화적 자산을 투자한다. 때로 이런 시도는 고귀한 동기에서 비롯된다. 상대방이 제시한 아이디어에 공감하거나, 조직 내부에 팽배한 자만심을 부숴버리고 싶거나, 특출한 성과를 내기 위해 발버둥치는 젊은 후배를 돕고 싶거나, 상대에게서 젊은 시절 자신의 모습을 보았을 수도 있다. 그런 아이디어를 가로채어 CEO에게 어필하려는 경우도 있고, 마침 새로운 도전을 원하는 시기에 그런 기회를 가졌던 것일 수도 있다. 동기야 어찌 되었건 방패 역할을 한 사람은 항상 영웅으로 비친다. 뒷짐 지고 가만있기보다는 개입해서 행동을 취한 기사로 인식된다.

일을 직접 벌이는 쪽, 즉 '칼' 역할을 하는 사람은 대개 용기는 있지만 무모하거나 순진한 스타일이다. 《반지의 제왕The Lord of the

Rings》에서 절대반지를 지키는 주인공 프로도가 바로 그렇다. 1938년 영화 「스미스 워싱턴에 가다Mr. Smith goes to Washington」에서도 '방패' 역할에 해당하는 지미 스튜어트Jimmy Stewart(클로드 레인스Claude Rains 분)는 극 초반에서는 막돼먹고 부패한 이미지로 신참을 부당하게 이용하는 사람이었지만, 후반에는 동료를 구하기 위해 모든 것을 거는 사람으로 바뀐다.

칼과 방패 팀이 이렇게 효과적이고 강력한 것은 두 사람의 강점이 완전히 대척점에 있기 때문이다. 한 사람이 동시에 가질 수 없는 경험과 에너지, 기술적 재능과 리더로서의 스킬, 젊은이의 낙관주의와 노련한 실용주의를 모두 갖춘 격이다. 이들이 성공한다면 조직을 변화시키는 데 그치지 않고 완전한 '변혁'을 만들어내기도 한다.

하지만 아쉽게도 이런 유형이 성공할 확률은 낮다. '방패' 역할을 해야 하는 입장에서 제일 중요한 질문은 "내가 모험을 걸 만한 가치가 있는가?"다. 단순히 조직을 발칵 뒤집어 놓을 만한 프로젝트라는 것만으로는 부족하다. 설득력 있는 프로젝트라도 얼마든지 실패할 수 있기 때문이다. 또 프로젝트가 성공하더라도 그 사람에 대한 조직의 신뢰가 너무 손상되어 조직을 떠나야 할 가능성도 있다. 실패로 끝난다면 더 안 좋은 결과가 기다린다. 회사 방침을 정면으로 거스른 리더는 경쟁사에서도 받아주지 않을 것이다. 현상을 타개할 수 있는 획기적인 프로젝트에 가담하기 전에, 과연 그 결과로 인해 발생할 수 있는 모든 위험을 감수할 각오와 그럴 만한 가치가 있는 지에 대한 판단이 선행되어야 한다.

지금까지 2인 1조로 구성된 페어 팀의 12가지 유형과 그 변형을 살펴보았다. 사실 좀 더 세분화하겠다고 마음먹었다면 유형의 수가 두 배 이상 될 수도 있다. 하지만 살다 보면 '저 두 사람이 왜 같이 일할까?' 하는 의문이 드는데도 큰 문제 없이 팀으로서 역할을 잘 수행하고, 때로는 성공적인 사람들을 자주 본다. 비즈니스든 다른 분야든 좀처럼 이해하기 어려운 커플은 어디든 존재한다. '사랑'과 관련하여 '짚신도 짝이 있다'는 말이 있다. 아마도 모든 인간관계에서 통하는 진리일 것이다.

페어 팀의 성공적 운영 비결

앞서 살펴본 12개나 되는 팀 유형이 조금 복잡해 보일 수 있다. 도대체 어떤 유형이 특정 상황에 맞는지 판단하는 것도 쉽지 않아 보인다. 하지만 현실에서는 수많은 팀이 만들어지고 그 생명을 이어간다. 2인 1조로 구성된 페어 팀과 관련하여 꼭 기억해야 할 핵심 사항을 요약하면 다음과 같다.

- 모든 팀은 다르다.
- 직감으로 혹은 잉여 인력이라는 단순한 이유로 팀원을 선정해서는 안 된다.

- 일부 성공적인 팀의 경우 앞서 설명한 유형과 맞지 않을 수 있다. 이는 팀원의 나이, 재능, 인품, 성격 등이 너무 달라서 그렇다. 또한 팀 구성 후 두 사람이 반드시 물리적으로 같은 장소에서 일하지 않을 수도 있음을 고려하라.

팀 유형을 세분화하면 작은 레고 블록으로 다양한 구조물을 만들 때와 같은 장점이 있다. 하지만 자세히 분류하고 정의했다고 해서 끝나지 않는다. 다양한 팀 유형에 관한 이해를 실무에 제대로 적용하는 것이 중요하다. 이런 관점에서 꼭 챙겨야 할 사항을 정리하면 다음과 같다.

- **니즈를 정확히 파악하라.** 우선 2인 1조 페어가 주어진 상황에서 최선의 팀 형태인지 자문하라. 일반적으로는 팀이 작을수록 효율적이라는 사실을 고려하라. 그 팀의 수행 과제는 무엇인지, 기존 조직 체계에 포함하여 구체적 역할을 하게 할 것인지, 아니면 따로 운영하면서 새로운 것을 만들어내게 할 것인지 판단해야 한다. 만약 새롭게 조직되는 팀 역할이 기존 조직에 의해 한정되는 상황이라면, 실제로 조직 차원에서 만들어낼 수 있는 새로운 팀 유형(포스형, 인사이드·아웃사이드, 예술가·엔젤, 칼과 방패 등)을 선택해야 한다. 쌍둥이 팀처럼 거의 자연발생적으로 만들어지게 놔두어서는 안 된다.
- **팀원들이 서로를 이해할 수 있는 시간을 제공하라.** 팀을 구성할 때 흔히 간과하는 게 있다. 팀원의 성격, 태도, 스킬 등이 너무 다르면(예를 들어 음양 팀) 서로의 기존 성과에 대한 인정이나 존중이 없을 수 있다. 상대를 그리 탐탁지 않게 여

길 수 있다는 말이다. 이 경우 두 사람을 적절히 소개하고 서로 존중하는 분위기를 만드는 것이 리더의 역할이다. 조직 규모가 클수록 이 역할이 중요하다.

- **목표를 명확히 하라.** 대부분의 경우 팀에 부여하는 목표는 신제품 개발, 판매 촉진, 신규 사무실 개설, 서비스 시간 단축 등과 같이 아주 선명하다. 경우에 따라서는 팀원의 성과 향상 자체가 목표가 되기도 한다. 하지만 팀 목표가 막연한 경우도 많다. 팀을 만들고 이끌어가는 일의 핵심은 팀원과 팀 과업의 특성을 조화시키는 것이다. 협업이 어려운 팀에 회사 운명을 좌우할 프로젝트를 맡기거나, 원칙적인 방법밖에 모르는 팀에 폭넓은 해석이 필요한 과제를 부여해서는 안 된다.

- **측정지표를 만들어라.** 조직이 측정지표를 만드는 것은 어렵지 않다. 팀에 명확한 목표가 부여된다면 그와 관련된 지표 개발은 식은 죽 먹기다. 하지만 문제가 되는 팀원에게 마지막 재기의 기회를 부여하는 상황이거나, 스타급 직원들을 모아 신규 시장 개척 과제를 부여하는 등의 상황에서는 지표 개발이 훨씬 어려워진다. 그럼에도 적절한 측정지표를 개발하고, 이를 갖고 팀원들과 소통하는 노력을 기울여야 한다.

- **관리 강도를 잘 조절하라.** 올바른 팀 구성 못지않게 중요한 것은 팀에 가장 적합한 리더를 붙여주는 것이다. 인사이드·아웃사이드와 음양 유형의 팀은 정서적 측면보다 과제 자체를 꼼꼼하게 챙기는 강력한 리더가 있을 때 효과적이다. 반대로 후방 경계형 팀의 리더는 목표만 전해주고 빠지는 스타일이 좋다. 쌍둥이 유형의 리더는 팀 성과를 가끔 한두 번 점검하는 정도가 최선이다. 칼과 방패 유형의 팀 리더는 팀원이 대립하지 않고 긍정적 관계를 잘 유지하는지 확인해야 한다.

- **수시로 관찰하라.** 강한 팀은 선언적으로 만들어지지 않는다. 팀원 스스로 팀워크

를 창출하게 만들어야 한다. 가장 좋은 것은 누가 개입하지 않더라도 자연스럽게 만들어지는 것이다. 그러나 팀워크는 종종 어떤 상황의 산물로서 만들어지기도 한다. 기업이 위험하거나 안 좋은 상황, 혹은 성격이나 배경, 이해관계, 페로몬 등 공개적으로 말하기 어려운 특징이 다른 팀원을 선별하는 과정에서 팀워크가 만들어지기도 한다. 이것은 팀 리더에게 가장 큰 도전이다. 수시로 관찰하며 팀워크 조성에 힘써야 한다.

- **기회를 만들어라.** 자연스럽게 팀워크가 만들어진 경우라도 성공 확률을 높이기 위해서는 자극이 필요하다. 기업 실적이 좋다면 새로운 실험이 자극이 되고, 반대의 상황이라면 심각한 경영 위기에서 벗어나기 위해 위험 감수가 자극이 된다.

- **모든 것을 기록하라.** 수없이 많은 팀이 수시로 만들어지고 주어진 과제를 완수 또는 실패하며 해산된다. 그럼에도 팀에 대한 기록이 제대로 남지 않는 경우가 많다. 팀은 다양한 성격의 구성원들이 모여 성과를 내는, 그 자체로 고유한 개성을 가진 존재다. 다양한 변수에 대한 추적 관리가 필요한 이유다. 그래야 데이터 분석을 통해 이후 만들어지는 팀의 성공 확률을 높일 수 있다.

- **주기별로 관리하라.** 모든 팀은 고유의 생애주기를 거친다. 팀의 초기, 중기, 말기 행동 패턴은 다르다. 생애주기별로 팀 관리 방식 또한 달라져야 한다. 이런 점을 간과하는 리더는 실패한다. 스마트한 리더는 각 팀의 단계별 특성을 파악하고 자신의 커뮤니케이션, 동기부여, 보상 및 징계 등의 관리 방식을 바꾼다.

매치메이커의 중요성
완벽한 2인 1조 팀을 만들기 위해 리더가 가장 먼저 할 일은 적절한 팀원을 찾는 것이다. 같이 일하기 힘들고, 인기 없고, 극단적이고, 나쁜 평가를 받는 직원이 팀원이 될 수 있다. 똑똑하고 창의적인 것으로 평가받는 직원들 중에서 남이 시키는 것을 잘 못하거나, 회사를 그만두려고 하거나, 이직할 것 같은 직원도 마찬가지다. 어떤 경우든 팀원이 선별되면 리더는 팀원의 강점이 아니라 약점에 집중해야 한다.

두 사람이 한 팀을 이룰 때 상대의 약점이 자연스럽게 보완될 가능성이 있는지 파악하라. 적절한 팀이 구성되지 않으면 조직 내 다른 부분에서 팀원을 좀 더 찾아봐야 한다. 이 프로세스를 거칠 때 고정관념을 버리는 것이 중요하다. 최고의 팀은 서로 비슷할 수도, 상반될 수도, 아니면 그 중간 어디쯤일 수도 있다. 직무상 두 사람이 서로의 약점을 잘 보완하는지 여부가 중요하다.

두 사람을 선정했으면 우선 일을 시켜라. 최대한 외부의 영향을 받지 않게 해주고 동료들을 신경 써서 챙겨라. 직원들이 두 사람의 안 좋은 점에 관해 수군거린다면 시너지를 내는 데 방해된다. 프로젝트 업무 외의 각종 행사, 외부 워크숍, 출장 등에 참여하라고 강요해서도 안 된다. 두 사람이 반드시 협업함으로써 완수할 수 있는 과제를 부여하고, 여기에 집중할 수 있게 도와라.

여기까지 하면 1단계는 끝났다. 이제는 한 걸음 물러서서 진행 상황을 지켜볼 필요가 있다. 팀이 제대로 운영되지 않거나, 반대로 너무 궁합이 잘 맞아 일보다는 서로의 관계만을 즐긴다면 과감한 결단이 필요하다. 반대로 팀이 제대로 생산성을 발휘한다면 팀을 잘 관리하면서 조금씩 어려운 과제를 부여하고, 회사의 관료적 절차로 인한 불편함이 없도록 해주어야 한다. 이런 상황이라면 생산적 평형추 팀은 기적 같은 성과를 낼 수 있다.

이제 어려운 부분은 끝났다. 기존에 없던 성공적인 팀을 만들었고, 홀로는 성과를 내지 못했던 직원들을 팀으로 만들어 새로운 가치를 만들게 했다. 남은 과제는 팀에 영속성을 부여하여 지속적으로 의미 있는 공헌을 할 수 있게 만드는 것이다. 간혹 이런 팀을 잃기도 한다. 평형추 팀은 더 이상 회사라는 울타리가 필요하지 않다고 생각하면 자신의 사업을 위해 퇴사할 가능성이 높다.

매직페어 유형의 팀도 이런 관점에서 비슷하다. 이들 역시 새로운 회사를 만들어 막강한 경쟁사가 되기도 한다. 결국 호랑이 새끼를 키운 격이다. 물론 그러지 않고 회사에 남는다면 상상을 초월하는 엄청난 실적을 보여주기도 한다.

이와는 대조적으로 포스형 팀은 상대적으로 조직하고 유지하기 쉽다. KPMG 사례에서 보듯 이런 유형의 팀을 회사 기업문화의 한 부분으로 만들 수도 있기 때문이다.

구명보트 팀을 다루는 방식은 영국 육군이 '결사부대'를 운영하는 것과 같아야 한다. 이 부대 팀원은 재판, 투옥, 처형 등을 면제받는 대가로 난공불락의 적진을 탈환하는 역할을 한다. 이들은 생존 확률이 희박한 작전에 투입되는 만큼, 성공할 수만 있다면 자신이 부상을 당한다 해도 아랑곳하지 않는다. 따라서 구명보트 팀에는 어려운 과제를 최소한의 시간에 완수하게 하고 성공할 경우 충분히 보상해야 한다.

예술가·엔젤 팀과 칼과 방패 팀은 재능이 뛰어난 인재들이 참여하기 때문에, 가시적 성과가 빠르게 나오지 않으면 쉽게 싫증 낸다. 그러면 바로 팀을 해체하고, 이들을 다른 일에 배치하는 것이 이득이다.

인사이드·아웃사이드 팀은 두 사람의 재능이 서로 다른 만큼 많은 준비가 필요하다. 조직에 대한 충성심을 잘 활용하면 좋은 동기부여가 된다.

마지막으로 글로벌 페어 팀은 물리적으로 떨어져 일하는 특성상 정서적 공감대 형성이 어려우므로, 팀 성과에 문제가 있다고 판단되면 고민할 것 없이 빨리 해체하고 팀원을 교체하는 것이 좋다.

지금까지 2인 1조로 구성된 팀의 면면을 살펴보았다. 두 명이 하나의 팀을 이루는 형태는 비교적 오래 지속된다. 어떤 팀은 죽을 때까지 유지되기도 한다. 다음 장에서는 가장 불안정하고 지속성이 낮은 3인 1조 트리오 팀을 살펴보고, 점차 인원이 더 많은 팀 구성으로 넘어간다.

6

플루토늄같이 불안한 트리오

사람들은 3인 1조 팀 형태를 낭만적으로 보는 경향이 있다. 포르토스Porthos, 아토스Athos, 아라미스Aramis를 주인공으로 한 뒤마Alexandre Dumas의 소설 《삼총사Les Trois Mousquetaires》 때문일지도 모르겠다. "하나를 위한 모두, 모두를 위한 하나All for one and one for all"라는 구호로 유명한 이 소설은 몇 년에 한 번씩 영화로 만들어질 정도로 꾸준한 인기를 끌고 있다.

하지만 간과하는 것이 있다. 전설적인 3인 1조 팀이 빛을 발하게 된 것은 달타냥D`Artagnan이라는 또 다른 주인공이 등장하면서부터라는 점이다. 작품에서 달타냥이 등장한 후 삼총사는 대체로 배경 역할만을 하고, 각자의 캐릭터도 두드러지지 않는다. 반면 달타냥은 종횡무진 활약한다. 소설 말미에서 달타냥은 트리오 조직의 네 번째 멤버로 인정받는다. 달타냥이 삼총사의 유명한 구호를 만든 것도 이런 흐름과 관련 있다.

2인 1조 팀은 불활성 기체와 같이 안정적이다. 일단 잘 맞는 파트너와 팀을 이루면 상당히 안정적으로 유지된다. 반면 3인 1조 팀은 방사능 물질인 플루토늄 같다. 아주 짧은 기간 동안만 안정성을 유지하다가 이내 2인 1조 유형으로 변하면서 좀 더 안정적인 형태가된다. 이 점을 처음부터 고려해야 한다. 따라서 트리오는 빠른 시일 내에 성과를 낼 수 있게 만들어야 한다. 트리오 팀이 오래 지속될 것으로 기대하면 안 되며, 팀 목표 달성에 실패하더라도 그리 놀랄만한 일은 아니다.

트리오 팀의 4가지 유형
성공적인 트리오 팀은 다음 4가지 유형 중 하나에 속한다.

투 플러스 원 트리오 – 2+1 trio

가장 기본적인 트리오 유형이다. 이 팀의 본질은 페어에 한 명이 더해진 것이다. 더해진 팀원 한 명의 역할도 중요하지만, 다른 팀원 두 명의 역할에는 못 미치며 친밀감도 떨어진다.

이런 타입의 트리오는 실질적으로 페어와 같다. 세 번째 팀원은 컨설턴트 또는 스페셜리스트 같은 부수적 역할을 한다. 어떻게 보면 투 플러스 원 트리오 구조는 두 가지 유형이 갖는 강점을 다 갖고 있다. 두 사람으로 구성된 조직이 구조적으로는 더 안정적이고 효율적이지만 트리오에 비하면 종합적인 지식이나 경험의 폭이 제한적이다. 여기에 한 사람이 추가됨으로써 경험, 시간, 에너지의 추가가 큰 의미를 가진다.

투 플러스 원 트리오는 핵심 팀원 두 명의 경험이나 전문 분야가 겹치고, 새로 추가된 팀원이 새로운 스킬을 보유하고 있을 경우 특히 유용하다. 예를 들어 하드웨어 전문가 두 명과 소프트웨어 전문가 한 명, 또는 제품 디자이너와 기획자에 마케터가 추가되는 경우가 그렇다. 이상적으로는 세 명이 함께 일하는 것이 좋지만, 플러스 원 팀원은 필요에 따라 파트타임으로만 함께해도 된다는 것이 이 유형의 강점이다. 이렇게 하면 플러스 원에 해당하는 사람은 제한된 시간만 투자할 수도 있다.

과학의 역사에서 이와 관련한 유명 사례는 트랜지스터 개발을 들 수 있다. 월터 브래튼과 존 바딘은 벨연구소Bell Labs 소속 과학자였다. 1930년대 후반, 이들은 실리콘, 게르마늄 같은 절연체에 불소와 같은 불순물이 스며들면 반도체적 성질(주변 조건에 따라 도체와 부도체의 성질을 번갈아 지니는 성질-역주)을 띠게 된다는 것을 알았다.

이 새로운 기술을 실험해보고 싶었던 브래튼과 바딘은 제2차 세계대전 후 업무에 복귀하자마자 그 방법을 고민했다. 핵심은 '어떻게 하면 소형, 저전력, 저발열, 고내구성, 고체 상태의 전기 스위치를 만들어서 기존의 깨지기 쉬운 진공관을 대체할 것인가'였다.

타이밍은 완벽했다. 그들의 직속 상사이자 벨연구소 고체물리그룹의 책임자였던 윌리엄 쇼클리William Shockley에게 고체 증폭기 개발 과제가 떨어진 것이다. 쇼클리는 두 과학자에게 반도체 활용 가능성을 검토하는 과제에 관해 이야기했다. 그리고 형식적으로는 직속 상사로서의 역할을 유지하지만 사실상 두 사람에게 전권을 주었다. 이는 아주 바람직한 결정이었다. 쇼클리의 평판이 너무 안 좋았기 때문이다. 쇼클리는 종종 두 사람이 개발 과정에서 부딪힌 문제의 해결 방안을 제시하는 경우도 있었지만, 바딘과 브래튼은 정말 해결 불가능한 경우가 아니면 쇼클리를 찾지 않았다. 쇼클리는 천재 과학자였지만 너무 거만하고 편집광적이며 자신보다 못한 사람은 철저하게 무시하는 스타일이어서 같이 일하기가 너무 힘들었기 때문이다.

간혹 두 사람이 찾아가면 쇼클리는 고약한 태도를 보였다. 두 사람이 요청한 문제를 해결해주는 경우도 있었지만, 그들이 나름의 방법으로 개발한 트랜지스터를 보여주자 쇼클리는 화를 내면서 '상사에게 보고하지도 않고 몰래 작업했다'며 비난했다. 전하는 말에 따르면, 브래튼은 쇼클리의 태도에 어찌나 화가 났던지 "이 성과는 모든 사람이 함께 영광을 나눌 수 있는 거요!"라고 고함쳤다. 쇼클리는 아랑곳하지 않고 본사에 가서, 그 아이디어를 낸 것은 자신이므로 자기 이름만 넣어 특허를 신청하라고 요구했다.

하지만 벨연구소는 1947년 12월 23일 세 사람의 이름을 모두 넣어 '포인트 콘택트 트랜지스터point-contact transistor' 기기 특허를 출원했다. 이런 상황을 도저히 견딜 수 없었던 바딘은 결국 회사를 떠나 일리노이 주립대로 옮겼다(그는 여기서 초전도체에 대한 연구를 통해 두 번째 노벨상까지 수상한다). 브래튼은 자원해서 AT&T의 다른 부서로 갔다.

바딘과 브래튼은 그 후로도 가까운 친구로 남았지만 쇼클리와는 거의 접촉하지 않았다. 세 사람은 연구소에서 딱 한 번 사진을 찍은 후 거의 10년 동안 한 번도 한자리에 모이지 않았을 정도다.

세 사람이 마지막으로 대면한 지 9년이 지나 바딘, 브래튼, 쇼클리는 노벨상을 수상했다. 쇼클리는 이미 벨연구소를 퇴직한 후 캘리포니아에서 쇼클리트랜지스터Shockley Transistor를 세워 부자가 되었다. 하지만 그의 노벨상 수상을 축하했던 새로운 직원들 역시 몇 개월 지나지 않아 모두 회사를 떠났다.

노벨상 수상을 위해 스웨덴에 도착한 두 명의 파트너는 한때 팀으로 일했던 추억을 떠올리며 부둥켜안았다(그들은 전형적인 음양 팀이었다. 바딘은 이론가로서 사무실에서 깊은 사색을 즐겼고, 브래튼은 실제로 만들어내는 것을 좋아해서 바딘의 아이디어를 현실로 바꾸는 역할을 주로 담당했다). 반면 쇼클리는 시상식장에서 거의 외면당했다. 그럼에도 시상식이 끝난 다음 세 사람은 밤늦게까지 샴페인으로 축배를 들었다고 한다. 사정이야 어쨌건, 이 세 사람은 결국 세상을 바꾼 발명을 했다.

병렬 트리오 – parallel trio

세 명으로 구성되었지만 사실상 페어 두 팀으로 볼 수 있는 경우다. 두 페어 팀에 모두 속하는 팀원이 한 명 있고, 그 공통 팀원을 제외한 다른 두 사람은 직접 소통하지 않는 경우다.

병렬 트리오는 가장 강력한 트리오 팀 형태다. 여기에는 몇 가지 이유가 있는데, 중요한 것은 원래 트리오 팀은 협업이 어렵다는 사실이다. 따라서 트리오 팀원 한 명이 외부 사람 두 명을 모아 개별적으로 협업하는 방식을 취하면 이런 문제를 해결할 수 있다. 이렇게 하면 트리오에 합류한 두 외부자는 자신에게 협업을 제안한 내부자 한 사람과의 호흡에만 신경 쓰고, 다른 외부자에게는 신경을 쓰지 않아도 된다.

이런 구조에서는 위계 문제도 자연스레 해결된다. 두 외부자 간의 업무 조율 역할을 맡은 내부자가 당연직으로 트리오 리더가 된다. 역할이 이렇게 명확하기 때문에 주도권을 놓고 불필요한 스트레스를 받을 필요가 없다. 트리오 팀 리더의 역할은 팀 운영 원칙을 정하고, 통합 역할을 하고, 목표와 마일스톤을 수립하고, 의견 차이를 조정하는 것이다.

앞서 소개한 유명한 사례를 병렬 트리오라는 관점에서 다시 한번 검토할 수 있다. 바로 1970년 마이크로프로세서를 개발한 인텔의 과학자 세 명의 이야기다. 그들 프로젝트는 일본의 전자계산기 회사 비지컴이 메모리칩 회사인 인텔에, 자사의 신제품에 내장될

칩의 개수를 줄여달라고 의뢰하면서 시작된다. 전자계산기 업계 구조조정의 중심에 있었던 비지컴은 그 프로젝트가 실패한다면 살아남기 어려운 급박한 상황이었다.

비지컴 계약을 담당한 사람은 인텔의 젊은 과학자 테드 호프였다. 그는 비지컴의 개발 문제를 고민하던 중, 당시 DEC 같은 기업이 개발한 미니 컴퓨터 기술을 응용하면 칩 아키텍처 방식에 새롭게 접근할 수 있다는 사실을 알게 된다. 그 후 비지컴은 자사 직원 한 명을 인텔에 파견하여 호프 밑에서 일하게 했고, 호프는 또 다른 그리고 더 좋은 칩셋 설계 방법이 있다는 것을 알게 된다. 그는 새로운 방법을 시도하기 위해 인텔 공동 창업자 중 한 사람인 노이스(집적회로의 공동 발명가)를 찾아가 두 번째 '비밀 프로젝트' 승인을 요청한다. 노이스는 당시 인텔이 낮은 생산 수율 문제를 신속히 해결하지 않으면 도산할 위기에 놓였음을 알면서도 승인했고, 이 비밀 프로젝트에 대한 정보가 최대한 새어 나가지 않게 했다.

테드 호프는 페데리코 파진(페어차일드 출신으로, 실리콘 게이트를 발명했음), 시마 마사토시(비지컴 출신), 스탠 마조르(인텔의 소프트웨어 전문가)를 모아 팀을 꾸린다. 이렇게 모은 세 명의 팀원은 사상 최초의 마이크로프로세서인 인텔 4004 모델을 만들었고, 나아가 진정한 현대적 프로세서의 원조라고 할 수 있는 8008 모델까지 만들었다. 그러나 세 과학자가 실제로 모여서 일한 적은 없다. 이 점에서는 앞서 반도체를 개발한 쇼클리, 브래튼, 바딘의 경우와 같다(세 사람은 한 방에 모인 적도 거의 없다).

사실상 마이크로프로세서 개발은 파진의 프로젝트였다. 그가 팀을 만들었고, 최종 제품의 사양서를 작성했으며, 디자인과 생산 공정을 진두지휘했다. 파진은 하드웨어 전문가였기 때문에 같은 하드웨어 전문가인 시마와 좀 더 가깝게 일했고, 여러 가지 칩과 관련한 구체적인 사항을 지시했다. 또 시마가 일본으로 돌아간 후에는 자신이 하드웨어 관련 설계 업무 전반을 담당했다. 소프트웨어 담당이었던 마조르는 주로 독립적으로 일했다. 그의 역할은 4004 칩의 하드웨어가 완성되면 그 위에서 구동되는 코드를 짜는 것이었다.

따라서 실질적으로는 인텔 프로세서 개발 트리오는 두 개의 페어, 즉 파진과 시마, 파진과 마조르의 팀이 병렬적으로 일하는 형태였다. 이것은 두 명의 팀원이 중심이 되고 한 사람은 거리를 유지했던 벨연구소 트리오와는 뚜렷이 구분된다. 인텔은 트리오 팀원을 모두 동등하게 대했고, 파진의 리더 역할을 명확하게 유지함으로써 병렬 트리오 유형의 팀으로 성공적인 결과를 만들 수 있었다. 미국 국립기술혁신메달the National Medal of Technology and Innovation 위원회도 40년 후 파진, 마조르, 호프에게 메달을 수여함으로써 이 같은 결과에 동의했다(안타깝게도 노이스는 이미 세상을 떠난 뒤였다).

순차 트리오 – serial trio

이 유형은 기준 축이 시간이라는 점에서 병렬 트리오와 구분된다. 병렬 트리오는 두 개의 페어가 한 명의 공통 팀원을 중심으로 동시에 활동하는 반면, 순차 트리오는 세 팀원 간의 관계는 같지만 활동하는 시간대가 동시가 아니라 순차적으로 이뤄진다는 점에서 다르다.

순차 트리오에서는 팀원 간 타협과 절충이 필요하지 않다는 장점이 있다. 병렬 트리오처럼 내부자 한 명이 외부 팀원 두 명을 교통 정리하고 조율할 필요가 없다. 사이가 좋지 않은 팀원 사이의 접촉을 어느 수준으로 통제할지 사전에 합의하고, 이에 따라 협업과 독립 작업 수준을 적절하게 결정하면 세 명 모두 역량을 충분히 발휘할 수 있다. 이를 가능하게 하기 위해서는 세 명 모두 해당 분야의 베테랑이어야 한다. 만약 이런 팀이 깨지지 않고 존속 가능하다면 엄청난 성과를 만들어낸다.

흥미롭게도 마이크로프로세서 개발을 성공시킨 병렬 트리오 팀을 관리한 인텔의 경영진(로버트 노이스, 고든 무어, 앤디 그로브)이 바로 순차 트리오였다. 21세기 초반 인텔을 지구 상 가장 성공한 회사로 성장시킨 세 사람은 역사상 가장 위대한 경영진으로 손꼽힌다. 또 이들은 무어의 법칙을 탄생시켜 현대 디지털 세계를 창조한 공로가 있다.

인텔의 공식 사사社史를 읽어보면 세 명이 항상 평등하고 조화롭게 일하면서 회사를 이끌었던 것으로 묘사된다. 하지만 현실은 그렇게 단순하지 않았다. 세 사람의 관계는 복잡하고 때로는 모순되기도 했다. 신화로 포장되지 않은 인간적인 모습을 있는 그대로 드러냈다.

우선 세 사람은 개성이 뚜렷하게 달랐다. 밥 노이스는 성공한 인생의 전형이었다. 점잖고, 카리스마 넘치고, 위험을 기꺼이 감수하고, 좌중을 압도하는 스타일이었다. 그에게는 회사 경력도 인생이라는 전체 게임의 일부일 뿐이었다. 너무 일찍 죽지 않았다면 노벨상을 세 개쯤 탔을 것이다. 샌프란시스코 토박이이자 보안관 아들로 태어난 고든 무어는 하이테크 분야에 가장 큰 영향을 미친 인물 중 하나다. 온화하고 겸손한 성격이었던 그는 현대 사회의 기술 변화 속도를 규정하는 유명한 법칙, 즉 '무어의 법칙'을 남겼다. 마지막으로 앤디 그로브는 무서우리만치 똑똑하고, 성격도 올곧았으며, 20세기 후반 가장 뛰어난 경영자 중 하나였다.

세 명의 이력만 대충 훑어봐도 이들이 어깨동무를 하고 콧노래를 함께 흥얼거릴 사이가 되기 어렵다는 사실을 쉽게 알 수 있다. 노이스와 그의 밑에서 일했던 그로브 사이는 더 심각했다. 노이스는 세상 어떤 것도 심각하게 여기는 법이 없었고, 그로브는 모든 것을 심각하게 봤다. 노이스는 그로브를 진지하게 생각한 적이 없다. 그로브 역시 속으로는 노이스를 경멸했다. 그로브 눈에 노이스는 무책임한 리더였다. 실제 그로브는 노이스가 경영진에 참여할 것이라는 사실을 알고 인텔 입사를 포기하려고 했을 정도다. 한편 무어는 이런 복잡한 관계 속에서 부유하며 노이스의 파트너이자 친구 역할, 그로브의 멘토와 보스 역할을 했다.

세 사람이 20년 가까이, 그리고 노이스가 죽은 후 남은 두 사람이 10년 더 공동 경영을 했음에도 불구하고 함께 찍은 사진이 단 한 장밖에 없다는 사실은 의미심장하다.

그렇다면 이렇게 서로 다른 세 사람이 어떻게 인텔을 경영사상 가장 빠른 성장 기업으로 만들었을까? 어떻게 인텔을 매출 1조 달러 넘는 기업으로 만들었을까? 그것도 다른 경쟁사들이 수도 없이 망해나가는 치열한 업종 안에서 말이다.

그 비결은 세 사람이 실질적으로는 함께 일하지 않으면서도, 사실상 함께 일하는 것과 다름없는 방식을 취했다는 것이다. 트리오의 중추 역할을 하는 리더는 없었다. 물론 공식적으로는 노이스가 최고경영자였지만, 그는 자기 마음대로 사이드 프로젝트를 승인하는 리더였다. 게다가 (특히 그로브가 보기에) 조직 내 피곤한 의견 대립을 회피하는 것으로 악명이 높았다. 천성적으로 누구를 해고하지도 못했다. 무어도 별반 다르지 않았다. 게다가 일상적인 관리 업무에는 거의 관심을 보이지 않았다. 그는 인텔을 기술 분야의 선도 기업으로 만드는 데만 집중했다(그리고 그것은 맞는 선택이었다). 세 명 중 일상적인 경영을 실질적으로 챙긴 사람은 바로 앤디 그로브였다. 셋 중 가장 나이가 적은 그로브가 결정하고 실행한 것을 다른 두 팀원, 특히 노이스가 무시하는 일도 빈번했다. 그래서 그로브는 독립적 권한과 책임을 확보하려고 무던히 노력했다.

이런 모든 갈등과 마찰에도 불구하고 이 트리오는 엄청난 성과를 냈다. 그 비결은 무엇이었을까? 세 가지를 들 수 있다.

- 세 사람은 각자 자신에게 맞는 재능을 갖고 있었고, 그것이 잘 조화를 이뤘다. 즉, 노이스는 CEO, 무어는 R&D 총책임, 그로브는 COO 역할에 필요한 재능을 가졌고 이들 역할이 조직 내에서 조화롭게 어우러졌다.
- 인텔이 충분히 빠른 속도로 성장했고 그 과정에서 기술과 경쟁 측면의 끊임 없는 도전이 이어지다 보니 세 사람은 일 자체에만 집중하기에도 바빴다.
- 오랜 기간에 걸친 인텔의 성장 덕분에 조직 최상단에서도 지속적인 승진 기회가 존재했다. 노이스는 산업계 전체의 대표 인물로 위상을 키워가면서 자연스럽게 인텔에서의 역할이 줄었고, 이는 그로브가 회사 경영에서 갖는 권한의 폭을 넓혀 큰 동기부여가 되었다. 한편 무어는 업계의 전설이자 회사의 회장 위치에서 노이스의 친구이자 그로브의 멘토 역할을 수행하며 자신의 역할에 만족할 수 있었다.

성공적인 순차 트리오에는 공통점이 있다. 팀원 간의 관계가 복잡하고, 자칫하면 폭발할 위험이 있으며, 다이내믹하고, 팀원 간 권력 분배 문제를 지속적으로 고민한다는 것이다. 그리고 트리오 팀원은 서로 상대하는 방법을 스스로 찾는다. 여기에는 서로의 접촉을 줄이거나, 제3의 팀원을 중재자 또는 해결사로 활용하거나, 아니면 그냥 상황이 좋아질 때까지 참는 등의 방법 등이 있다. 트리오 팀원이 이런 어려운 관계를 감내하는 이유는 다음과 같다.

- 서로의 차이에도 불구하고 각자가 가진 탁월한 재능을 존중하고,
- 함께 수행하는 과제가 정말 흥미롭고 도전적이며 동기부여가 되므로, 팀원 간 차이 때문에 발생하는 문제는 상대적으로 작아 보인다.

이 점은 인텔 경영진 트리오에서도 분명하게 드러났다. 노이스는 그로브가 자신보다 인텔을 더 잘 경영한다는 것을 믿었기 때문에 그로브의 경영 방식을 대놓고 반대하지 않았다. 무어도 마찬가지였다. 경영 상황이 좋을 때나 나쁠 때나 무어는 그로브를 지지했다. 그리고 그로브가 종종 충분히 인정받지 못한다는 불만과 다른 두 명이 구가하는 대외적 명성에 대한 은근한 질투를 참고 견딘 것은 결국 세계에서 가장 중요한 기업의 최고경영자가 되어 위대한 비즈니스 리더가 될 수 있다는 포부 때문이었다.

도구 트리오 - instrumental trio

이 유형의 특징은 세 명의 역할이 세부적으로 정의된다는 것에 있다. 도구 트리오는 성공 사례가 많다. 스포츠 팀을 상상하면 이해하기 쉽다. 스포츠 팀은 각각의 역할이 정교하게 분화되어 있고 협업의 결과가 즉각적으로 나온다.

가장 전형적인 사례가 야구에서 유격수, 2루수, 1루수로 이루어지는 병살 플레이 트리오다. 1902년에서 1912년 사이 시카고 컵스 Chicago Cups 팀에는 병살 플레이의 전설로 불리는 세 선수, 즉 조 팅

커Joe Tinker, 조니 에버스Johnny Evers, 프랭크 챈스Frank Chance가 있었다. 프랭클린 애덤스Franklin Pierce Adams가 〈뉴욕 이브닝 메일New York Evening Mail〉에 기고한 시詩 "베이스볼의 슬픈 어휘 목록Baseball's Sad Lexicon"은 오늘날까지도 회자되고 있다.

이것은 가장 슬픈 단어

"팅커에서 에버스, 에버스에서 챈스"

베어 컵스의 트리오는 새보다도 빠르네

"팅커에서 에버스, 에버스에서 챈스"

내셔널 리그의 꿈을 산산이 찢어버리네

대박 안타도 병살로 만들어버리네

듣기만 해도 상대 팀을 골치 아프게 만드는 말

"팅커에서 에버스, 에버스에서 챈스"

이 시의 후렴구인 "팅커에서 에버스, 에버스에서 챈스Tinkers to Evers to Chance"는 지금까지도 미국 영어의 상징적 구절로 남아 있는데, 세 명의 손발이 척척 맞아 뭔가를 성공시키는 것을 의미한다. 시카고 컵스 내야수 트리오에게 성공이란 곧 병살 플레이, 즉 한 번에 상대 공격수 두 명을 아웃시킴으로써 투수의 부담을 한 방에 덜어주는 것을 말한다.

물론 팅커와 에버스, 챈스가 역사상 가장 뛰어난 병살 플레이 팀은 아니지만, 최초로 이 플레이를 완성한 것은 사실이다. 그리고 1970년대 LA 다저스LA Dodgers의 빌 러셀Bill Russell, 데이비 로페스Davey Lopes, 스티브 가비Steve Garvey 트리오나 1959-1960년 고고 화이트 삭스GO-GO White Sox 팀의 루이스 아파리치오Luis Aparicio, 넬리 폭스Nellie Fox, 테드 클러세스키Ted Kluszewski 트리오를 능가하는 영예를 누렸다.

필자들의 관점에서 중요한 것은 팅커, 에버스, 챈스가 많은 병살 플레이를 성공시켰고 컵스 팀이 네 번이나 페넌트 레이스에 진출하는 데 기여했다는 것이 아니다. 필자들이 관심을 갖는 것은 이들이 기계와 같은 일관성으로 수많은 병살 플레이를 성공시켰다는 점이다. 야구장 필드 사정이 좋지 않아 수비 실책이 흔했던 시절이었음을 감안하면, 이 트리오의 안정적 수비는 거의 명예의 전당 급이었다(실제로 세 사람은 1946년에 함께 프로야구 명예의 전당에 올랐다).

세 사람은 자기 포지션뿐 아니라 주변 경계 영역을 완벽하게 수비했다. 다른 멤버에게 송구할 때도 정확한 위치와 타이밍을 고려해서 가장 받기 좋게 던지면서, 다른 팀이 따라오기 힘든 정교함을 자랑했다.

하지만 이것은 이야기의 절반에 불과하다. 팅커, 에버스, 챈스 트리오를 진짜 빛나게 한 것은 유격수 팅커와 2루수 에버스가 서로를 증오하는 사이였음에도 이런 성과를 냈다는 점이다. 실제 1905년 9월에 두 사람은 경기장에서 주먹질을 했고, 그로부터 33년이 지난

1938년에 라디오 방송에 함께 출연할 때까지 서로 한 마디도 하지 않았다. 다시 말해 트리오가 함께 프로 생활을 한 기간 중 절반을 기본적 커뮤니케이션조차 하지 않았는데도 최고의 수비 팀워크를 발휘했다는 것이다.

바로 이것이 도구 트리오의 핵심이다. 서로 사이가 좋지 않더라도 세 명의 팀원이 각자 맡은 바를 최고 수준으로 해낼 때, 트리오의 탁월한 성과가 완성된다.

여기서 스포츠 사례와 결부해서 도구 트리오를 설명한 것은 가장 설명하기 쉽고 팀워크의 결과 또한 매우 성공적이기 때문이다. 스포츠 분야에서는 트리오 플레이를 직접 볼 수 있고, 그것이 성공인지 실패인지를 몇 초 만에 알 수 있다는 점에서 편리한 측면이 있다.

스포츠 트리오 사례에서는 도구 트리오의 구성architecture도 잘 이해할 수 있다. 이런 구성은 스포츠 분야 외에도 연구소, 소프트웨어 개발 부서, 신제품 기획 부서 등 영역에 관계없이 적용할 수 있다. 앞에서 살펴본 투 플러스 원 트리오와는 달리 도구 트리오는 쓰리 플러스 원 트리오라고 표현할 수 있다. 다만 여기서 플러스 원은 사람이 아니라 공통된 게임의 법칙, 프로젝트 기준, 본사의 기능 부서 등과 같다. 원칙과 기준이 세 팀원의 행동, 즉 해야 할 것과 하지 말아야 할 것에 대한 기준을 제공한다.

오늘날 조직은 목표나 규범 등을 잘 정의하고 있다. 따라서 실제 팀 업무의 수행 프로세스를 세 부분으로 적절히 나눈 다음, 역할별 전문가에게 맡겨 최상의 결과를 내게 하는 것이 가능하다.

순차 트리오와 마찬가지로 도구 트리오가 갖는 가장 큰 강점은 팀원 간 화학적 우호 관계를 인위적으로 조율할 필요가 없다는 것이다. 기본적으로 세 명 모두 독립적 전문가 역할을 수행하기 때문에, 그 역할을 뛰어나게 해낼 수 있는 인재만 확보하면 된다. 게다가 베테랑 팀원이라면 스킬 향상을 위해 투자할 필요가 없으므로 바로 현장에 투입할 수 있고, 교육하느라 시간을 허비할 필요가 없다. 업무와 관련한 협업 방식도 이미 구체적으로 정의되어(예를 들어 2루 송구, 스펙트럼 분석, 핸드오프, 간판을 지붕 위에 얹기, 고객 수주 등) 있다는 점도 강점이다. 다른 팀원과 사이가 좋은지 나쁜지는 과업 완수와 아무 관계 없다. 세 사람 모두가 맡은 역할을 제대로 해내는 것이 중요할 뿐이다. 이런 이유로 도구 트리오는 다른 어떤 유형의 트리오보다 높은 성과를 내곤 한다.

도구 트리오의 또 다른 강점은 팀원 개인의 성과에 크게 휘둘리지 않는다는 점이다. 팀 운영 원칙이 잘 정의되어 있고, 서로가 다른 팀원에게 의지하지 않으면서 자신의 역할을 능숙하게 수행하면, 어느 한 명에게 문제가 생기더라도 신속하게 교체할 수 있다. 대체 인력을 투입한 후에는 약간 버벅거릴 수 있지만 시간이 지남에 따라 개선되고, 경우에 따라서는 성과가 더 높아지기도 한다.

앞서 소개한 프로야구 병살 트리오 사례로 돌아가 보자. 세 명의 멤버 중 챈스가 경기 중 사고로 뇌를 다쳐 입원하자, 에버스는 곧바로 컵스의 선수 겸 감독 역할을 맡게 되었고, 이에 분개한 팅커는 신시내티 레즈^{Cincinnati Reds}로 이적했다. 이것이 팅커, 에버스, 챈스 트리오의 마지막이었다. 하지만 시카고 컵스는 1913년에 대체 인력을 찾아서 기존 트리오 못지않은 병살 트리오를 만들어냈다. 단지 기존 트리오만큼의 유명세를 얻지 못했을 뿐이다. 70년이 지나서 컵스는 전설의 트리오 못지않은 뛰어난 팀을 만들었는데, 그중 라인 샌드버그^{Ryne Sandberg}의 실력은 원년 멤버보다 뛰어난 것으로 인정받았다.

동일한 게임, 동일한 룰에 사람만 바뀐 것이다.

트리오 팀 조직화와 관리

트리오 팀을 만들고 관리하는 것은 페어를 만들고 관리하는 것보다 쉽다. 트리오는 어느 정도 내부 구조를 갖고 있어 자주적 관리가 가능하기 때문이다. 또한 트리오는 성공적인 페어에 팀원 하나를 추가하는 방식으로 간편하게 만들 수도 있다. 이때 추가되는 팀원이 기존 팀원들과 잘 맞는지 여부는 그다지 중요하지 않다. 기존 팀원들이 갖지 않은 새로운 스킬의 팀원을 배정하면 된다.

투 플러스 원 트리오가 내부 문제로 실패하는 경우는 드물다. 브래튼과 바딘이 쇼클리 같은 사람과 협업하면서도 엄청난 성과를 낸 것처럼, 기존 페어가 좋은 팀이라면 세 번째 팀원이 어떤 사람인지는 그다지 중요하지 않다. 오히려 투 플러스 원 트리오가 망하는 지름길은 세 사람을 똑같이 대우하고 보상하거나, 세 사람을 같은 시간과 장소에서 일하도록 강요하는 경우다. 또한 성공한 후에 문제가 생기곤 하는데, 성공의 과실을 어떻게 배분할지가 명확하지 않은 경우 더 그렇다.

병렬 트리오는 내부자 역할을 하는 사람이 중요하다. 그 사람이 반드시 전체 프로젝트에 주된 공헌을 하도록 만들어야 한다. 트리오는 여전히 매우 작은 조직 형태이기 때문에 관리와 실행 역할을 완전히 나누기가 불가능하다. 즉, 어떤 사람은 리더 역할을 하면서 다른 팀원들을 돕고 자문하는 역할도 병행해야 한다. 병렬 트리오의 성공을 위해서 최소한 한 명(내부자)은 최고 수준의 인재일 필요가 있다. 그 사람을 확보하는 것이 병렬 트리오 성공의 선결 과제다. 그리고 나서 외부 인력 두 명을 확보할 때는 팀원 간의 조화를 크게 걱정하지 않아도 된다.

병렬 트리오는 성과 목표와 마일스톤을 정해준 후 방해하지 말고 내버려 두는 것이 최선이다. 관리를 최소화하고, 팀 리더와만 커뮤니케이션해야 한다. 팀원 스스로가 권한을 충분히 위임받았다고 느끼게 해야만 하며, 팀 리더와 커뮤니케이션할 때는 팀 전체를 하나로 상정하고 대화해야 한다. 병렬 트리오 팀은 리더 한 명의 것이 아니라는 점을 명확히 하는 것도 중요하다.

프로젝트가 종료되면 팀 리더에게 약간 더 보상할 수는 있지만,

인정과 명예만큼은 동등하게 나누어야 한다. 내부 갈등의 소지를 없애기 위해 처음부터 이런 기준을 명확하게 할 필요도 있다.

순차 트리오는 병렬 트리오와 같은 방식으로 관리할 수 있다. 다만 관리의 시간 축이 달라질 뿐이다. 순차 트리오를 관리할 때 가장 많이 저지르는 실수는, 초창기에 공헌하고 팀을 떠난 팀원을 빼놓고 남아 있는 팀원들에게만 공을 돌리는 것이다.

도구 트리오는 만들어진다기보다 뽑아서 짜 맞추는 것이다. 일반적으로 업무 구조가 이미 잘 정의되어 있기 때문에, 문제는 팀의 화학적 조화보다 그 일을 해낼 적임자를 확보하는 것이다. 제 역할을 못하는 사람이 한 명이라도 있으면 그게 가장 큰 문제다. 잘 튜닝된 기계가 고장 난 부품 하나 때문에 제대로 돌아가지 않는 것과 같다. 록 그룹 너바나Nirvana가 드러머를 데이브 그롤Dave Grohl로 교체한 후 바로 사운드가 개선된 것도 그런 맥락에서 이해할 수 있다.

여기서 흥미로운 질문이 생긴다. 최고의 팀원이 한두 명 있고 나머지 팀원은 실력이 떨어지는 팀과, 최고의 팀원은 없지만 세 명이 고른 실력을 갖춘 팀 중 어느 쪽이 더 효과적일까? 스포츠 분야에서는 전자가 더 낫다. 하지만 스포츠 종류에 따라 조금씩 다를 수 있다. 야구를 예로 들면, 트리오 중 약간 실력이 떨어지는 선수도 다른 방식으로 팀에 공헌할 수 있다. 예를 들어 수비는 보통이지만 타격을 잘하는 경우다. 하지만 스포츠가 아닌 비즈니스에서는 후자가 오히려 나을 수 있다. 팀원 간 실력 균형이 갖추어지지 않은 트리오는 금세 자중지란에 빠지기 때문이다. 따라서 슈퍼스타급 인재를 보통 수준의 인재 두 명과 함께 도구 트리오로 만들기보다는, 아껴두었다가 좀 더 역할이 큰 팀의 리더나 페어, 아니면 병렬 트리오 등에 투입하는 편이 좋다.

도구 트리오를 관리할 때는 다음 세 가지에 유의해야 한다.

- 트리오가 최고의 생산성을 낼 수 있게 하고, 스스로 조율하며 일하게 한다.
- 업무 완수에 필요한 자원을 충분히 제공한다.
- 프로젝트 성공 후 팀원 모두에게 충분하고 형평성 있게 보상한다.

스포츠뿐 아니라 비즈니스에서도 도구 트리오가 최고의 성과를 내려면 연습이 필요하다. 팀원들은 각자 자신의 스킬을 높이고 다른 팀원과 업무 협조를 잘할 수 있도록 꾸준히 노력해야 한다. 비즈니스에서는 주로 업무 교육, 케이스 스터디, 목표 할당, 내부 경쟁 등의 형태로 나타난다. 스포츠에서는 다양한 상황에 맞춰 수없이 많은 반복 훈련을 하는 형태로 나타난다. 리더는 연습을 위한 장소, 여건, 장비들을 충분히 마련해주어야 할 뿐 아니라 실제로 팀원들이 참가하도록 독려해야 한다.

도구 트리오는 팀 구성원이 언제든 바뀔 수 있음을 인지해야 한다. 재능이 뛰어난 인재는 누구나 탐내기 때문에 오래 잡아두기 어렵다. 운이 좋으면 팅커, 에버스, 챈스처럼 10년 동안 같은 팀에 남아 있을 수도 있다. 반대로 헤드헌터의 러브콜에 넘어가 내일 당장 회사를 나간다고 할 수도 있다. 이는 나쁜 소식이지만 반대로 좋은 측면도 있다. 공석이 생겨도 대체 인력을 구하는 것이 그리 어렵지는 않기 때문이다. 일단 적절한 팀원이 참여하면 비교적 빠른 속도로 해당 업무에 익숙해진다.

도구 트리오에서는 팀원 개인의 성과를 정확하게 파악하고, 프로젝트가 잘 끝났을 때(스포츠에서는 시즌이 끝났을 때) 각 팀원의 공헌을 충분히 인정해야 한다. 보상에 인색하거나 공평하지 않은 방식으로 보상할 경우 새로운 프로젝트를 추진하기 어렵다.

지금까지 트리오에 대해 살펴보았다. 가장 폭발하기 쉽고, 불안정하고, 또 여러 가지 면에서 흥미로운 구조의 트리오 팀은 깨질 경우 가장 안정적 형태인 페어로 돌아가는 것이 일반적이다. 최소한 페어로 남을 수 있다는 안전망이 있기 때문에 트리오는 시도해볼 만한 가치가 있다.

다음 장에서는 좀 더 규모가 큰 팀을 살펴본다. 6명으로 구성된 팀에서 1000명 이상의 조직 형태까지 다룬다. 하지만 궁극적으로 모든 조직은 페어 아니면 트리오로 분해된다. 모든 기하학적 구조가 결국은 삼각형이나 사각형으로 분해되는 것과 같다. 아주 큰 조직 안에서는 트리오가 다른 트리오나 페어들에 둘러싸여 상대적으로 안정성이 높아질 수도 있다. 모든 대형 팀은 기본적으로 지금까지 설명한 두 가지 유형으로 구성되고, 구조의 양상만 달라질 뿐이다.

페어와 트리오, 그리고 더 큰 조직 간에는 한 가지 결정적 차이가 있다. 큰 조직에는 내부 리더십이 포함되어 있다는 것이다. 무슨 말인지 다음 장에서 파악해보자.

7

네 명 또는 그 이상의 팀

결혼이나 동업 관계를 보면 알 수 있듯, 인간 조직에서 두 사람 조합은 아주 흔하다. 세 사람 조합 형태는 불안정한 만큼 드물다. 드물기로 따지면 네 사람 조합도 마찬가지다. 그러나 이유는 다르다.

네 사람 조합은 지나치게 안정적이어서 흔치 않다. 필자들이 지금까지 관찰해온 팀 중 가장 효과적인 것은 팀원이 다섯 명에서 아홉 명 사이였다. 즉 7±2 원칙이 적용된다. 이 원칙은 사회에서 관찰 가능한 거의 모든 기업, 기관, 조직에서 목격된다.

우선 기업 이사회 정원이 대개 그 정도다. 벤처캐피털, 소형 로펌, 의료 기관 등의 파트너 수도 그렇다. 야구, 농구, 배구, 조정, 핸드볼, 수구 등 단체 스포츠팀의 인원도 크게 다르지 않다. 「프렌즈Friends」, 「치어스Cheers」, 「디자이닝 위민Designing Women」, 「메리 타일러 무어

쇼The Marry Tyler Moore Show」, 「뉴하트Newheart」 등 무수한 로맨틱 코미디나 시트콤의 주연급 출연자도 7±2명인 경우가 많다. 롤링스톤스, 비치 보이스, 템테이션스 같은 록 밴드 멤버 수도 그렇다. 그외에도 스타트업 회사의 초기 멤버 수, 미국 연합사령부 핵심 멤버수, 미국 대법원 판사 수 등 끝이 없다. 월트 디즈니의 첫 애니메이션 팀이 내부에서 '나인 올드 멘Nine Old Men'이라고 불렸던 것도 우연이 아니다. 결국 현대 조직 어디를 가도 중심부를 보면 항상 7±2 구조의 팀이 존재함을 알 수 있다.

네 명으로 구성된 유명한 팀도 있지만, 잘 살펴보면 실제로는 다섯 명에서 여섯 명이 함께하고 있다. 비틀스가 그렇다. 비틀스 멤버는 영원히 존, 폴, 조지, 링고 네 사람이다. 이들은 「하드 데이즈 나이트Hard Day's Night」에 출연했고, 뉴욕 셰이 스타디움에서 공연했던그 멤버다. 그리고 로큰롤 명예의 전당에 최초로 이름을 올린 바로 그 멤버이기도 하다. 이 네 명의 뮤지션은 불멸의 팀이다.

그러나 비틀스를 좀 더 자세히 들여다보면 생각보다 복잡해진다. 함부르크와 리버풀에서 밴드를 만들었을 때는 다섯 명이었다. 당시에는 드럼의 링고 스타가 없었고, 원래 리더였던 스튜 서트클리프Stu Sutcliffe와 피트 베스트Pete Best가 있었다. 밴드 활동 후반기에도 마찬가지였다. 「화이트 앨범White Album」의 한 트랙은 기타에 에릭 클랩튼Eric Clapton의 도움을 받았고, 마지막 앨범 작업에는 소위 '다섯 번째 비틀스'라 불리는 빌리 프레스턴Billy Preston이 키보드 연주자로 참여했다.

한창 왕성하게 활동하던 시기에도 무대에서만 네 명이었지, 실제로는 눈에 띄지 않는 핵심 멤버들이 있었다. 우선 매니저였던 브라이언 엡스타인Brian Epstein은 밴드의 레코드 계약을 따내는 데 핵심적 역할을 했을 뿐 아니라 밴드의 이미지 콘셉트를 확립했다. 그가 없었다면 우리는 비틀스라는 이름을 들어보지도 못했을 것이다.

더 중요한 인물로 진정한 "다섯 번째 멤버"는 프로듀서 조지 마틴George Martin이다. 네 멤버도 인정했다. 「인 마이 라이프In My Life」의 하프시코드 음색에서 「데이 인 더 라이프A Day in the Life」의 오케스트라 같은 클로징까지, 조지 마틴은 비틀스가 상상해낸 황당한 음향을 최고 수준의 완성도 있는 음악으로 끌어올렸다. 에비로드 스튜디오의 조지 마틴이 없었더라면 이 위대한 밴드가 〈비틀스 포 세일Beatles for Sale〉 이후 음악 활동을 지속해나가기 쉽지 않았을 것이다.

이런 사례를 보면 사람은 본능적으로 5명에서 9명 정도의 '중소형' 규모로 뭉치려는 성향을 갖고 있다. 이 장의 뒷부분에서 언급하겠지만, 일정한 규모로 뭉치려는 인간의 특성은 '중대형' 규모의 팀 (12~18명) 원리도 설명한다.

팀 기능 발휘를 위한 최적의 인원 규모

중간 규모의 팀은 리더 계층이 2단계 이상 되지 않으며, 팀원들이 서로 잘 안다는 특징이 있다. 책 앞부분에서 설명했듯, 로빈 던바는 중간 규모 팀을 두 가지로 분류했다.

- 5인 팀: 가장 친한 친구와 배우자 등을 합친 수로, 인간의 단기기억 한계와도 일치한다(이 두 수가 일치하는 것은 우연이 아니다).
- 15인 팀: 대부분의 상황에서 절대적으로 신뢰할 수 있는 그룹의 인원수. 던바는 이를 '공감 그룹sympathy group'으로 칭했다.

팀 분야의 저명한 연구자 메레디스 벨빈Meredith Belbin은 4~6명으로 구성된 팀이 기능 면에서 최적이라고 보았다. 그리고 팀 인원수별로 소통과 의사결정 문화가 어떻게 달라지는지를 아래와 같이 정리했다.[1]

- 4명: "우리 팀은 균형이 잘 잡혀 있고 쉽게 합의에 도달한다."
- 5명: "우리 중 하나는 좀 이상하다."
- 6명: "합의에 도달하는 데 시간이 오래 걸리지만, 결국은 의견 일치를 본다."
- 7명: "온갖 아이디어가 무성하다."
- 8명: "누구나 하고 싶은 이야기를 하지만 듣는 사람이 없다."
- 9명: "누군가 나서서 통제할 필요가 있다."
- 10명: "팀에 리더가 생겼다. 그런데 이제 그 사람 의견만 받아들여진다."

사실 팀원이 8명을 넘어가면 합의에 이르기가 쉽지 않다. 그래서 강력한 리더가 있어야 한다는 전제 조건이 필요하다.

페어와 트리오에 관해 설명한 인원수별 팀 특성은 매우 정확하고 정교하지만, 그 이상이 되면 설명의 정확도가 상대적으로 떨어진다. 따라서 팀 규모가 중간 사이즈를 넘어 작은 집단 정도의 크기로 바뀌고 내부 전담 리더가 생기는 상황은 7±2 규모의 팀을 기준으로 설명하는 것이 가장 적절하다.

그보다 한 단계 큰 팀 규모는 군대 용어에서 크루crew 또는 분대로 규모로, 로빈 던바가 말하는 '신뢰·공감trust·sympathy' 규모에 해당하기 때문에 좀 더 구체화하여 15±3팀이라고 표현하자. 다음에서 중간 규모 팀 두 가지, 즉 7±2팀과 15±3팀을 좀 더 상세하게 살펴볼 것이다. 이것은 전 세계 거의 모든 팀에 적용 가능한 보편적 유형이다.

7±2팀

보통 '팀'이라는 말을 생각하면 다섯 명에서 아홉 명이 단단하게 뭉친 조직을 떠올린다. 이런 이미지가 떠오르는 것은 어쩌면 생물학적 이유일 수도 있지만, 사실은 경험 때문일 가능성이 더 크다. 텔레비전, 영화, 책, 온라인 게임 등을 통해 접하는 팀 대부분은 다섯 명에서 아홉 명으로 구성되어 있다.

다른 이유는 인간의 단기기억 능력의 한계다. 사람이 한 번에 다섯 자리에서 아홉 자리 수만 기억할 수 있듯, 대인관계에서 동시에 관심을 쏟을 수 있는 범위는 다섯 명에서 아홉 명 사이다. 《백설공주》의 일곱 난쟁이가 그렇고, 호빗 네 명, 인간 한 명, 난쟁이 한 명, 엘프 한 명 등 총 일곱 명이 등장하는 《반지의 제왕》이 그렇다. 일본의 전설적 영화감독 구로사와 아키라Kurosawa Akira가 「7인의 사무라이Seven Samurai」를 만들 때 사무라이의 수를 일곱으로 한 것도 우연이 아닐 것이다. 리나 베르트뮐러Lina Wertmuller의 「세븐 뷰티Seven Beauty」, 스티븐 빈센트 베네Steven Vincent Benet의 「칠인의 신부Seven Brides for Seven Brothers」 역시 일곱 명이다. 호그와트의 해리 포터도 친구 네 명, 쌍둥이 두 명을 합치면 역시 일곱 명이다.

의식적이건 아니건 소설가와 영화 시나리오 작가들은 주요 등장인물을 예닐곱 명 정도로 해야 한다는 사실을 정확하게 알고 있다. 줄거리 전개 과정에서 새로운 인물을 추가해야 할 경우에는 기존 인물 한 명을 빼거나 전면에 드러나지 않게 한다. 그러다 보니 주요 인물이 한 자리에 모인 장면을 보면 거의 항상 7±2명이고, 우리는 이런 영화와 드라마를 반복적으로 보면서 자연스럽게 이런 구성에 익숙해졌다.

하지만 이것만으로는 7±2팀이 왜 그렇게 효과적인지 설명이 되지 않는다. 그런 팀의 효과성이 낮았다면 인류는 그보다 더 좋은 조합을 찾아냈을 것이다. 그럼에도 우리가 반복적으로 7±2팀을 활용한다는 것은 뭔가 필연적 이유가 있다. 그 이유는 몇 가지로 정리되는데, 많은 경우 두 가지 이상이 복합적으로 작용한다.

- 매직넘버 효과: 숫자 6과 7에는 흥미로운 특징이 있다. 우선 6은 자기보다 작은 모든 숫자와 연관된다. 페어 3개, 트리오 2개, 별도의 내부 리더가 있는 페어·트리오 등의 팀을 모두 만들어낼 수 있는 숫자다. 작은 수치고는 상당히 유연하다. 한편 7이라는 숫자는 행운과 관련되어 있다. 이런 연관성이 아무 이유 없이 생긴 것은 아니다. 일곱이라는 숫자가 갖는 조직적 강점이 없었다면 진작 폐기되었을 것이다. 일례로 이집트의 파라오들은 7이라는 숫자를 왕족과 관련된 일에 즐겨 사용했다. 일반 백성들은 7이라는 숫자를 사용하는 것 자체가 금지되었다.

- 기능적 강점: 다섯 명에서 아홉 명 사이 팀은 내부에 리더가 존재하고 한 가지 하위 기능에 두 명 이상을 배치할 수 있는 최소한의 조직 규모다. 물론 아홉 명에 가까울수록 기능적 유연성이 더 커진다. 한 팀에 여러 가지 과업을 동시에 부여했을 때 이를 병렬적으로 유연하게 처리할 수 있고, 그러면서 팀 전체의 업무를 총괄하는 리더 한 명도 포함할 수 있는 가장 작은 조직이 7±2팀이다.

- 커뮤니케이션 효과성: 7±2팀은 아마존 CEO 제프 베조스Jeffrey Bezos가 이야기한 "피자 두 판 법칙two pizza rule"에 어울리는 최대 크기의 팀이다. 이 원칙은 팀 전체 인원이 피자 두 판으로 점심을 해결하기 어려울 정도가 되면 커뮤니케이션 효과가 떨어진다는 것이다. 팀원 전체가 서로를 개인적으로도 알고 테이블에 둘러앉아 효과적으로 회의할 수 있는 최대 크기가 바로 7±2명이다.

- 통제 범위span of control: 7명으로 구성된 집단 안에서 개인과 개인 간 관계의 수는 21다. 9명으로 구성된 집단에서는 36개이고, 그 인원을 넘어가면 관계의 수, 즉

네트워크 수가 수직 상승한다. 해본 사람은 알겠지만, 회의에 9명 이상 참석하면 모든 참가자를 일일이 신경 쓸 수 없다. 이는 강의실에서도 마찬가지고 전투 현장에서도 마찬가지다. 리더십 교육이나 군대 조직에서 통제 범위를 강조하는 이유가 바로 여기에 있다. 통제 범위는 한 명의 리더가 업무를 직접 챙기고 동기부여할 수 있는 부하의 최대 수를 의미한다. 실제로 군사 작전에 통제 범위를 적용한 사례를 보자. 노르망디 상륙작전의 최고 지휘관이었던 시어도어 루스벨트 주니어Theodore Roosevelt Jr 준장은 휘하 지휘관 6명을 모아놓고 목표 지점이 1마일 앞이라는 것을 주지시키며 "제군들, 우리의 전쟁은 여기서 시작이다"라고 명령을 전달했다. 이 명령을 직접 들은 지휘관들이 일사불란하게 예하 부대에 전달 및 집행함으로써 미 육군 4사단은 손실을 거의 입지 않고 노르망디 해안에 상륙했고, 결정적으로 전세를 유리하게 바꿀 수 있었다.

- 다양성: 미국 전쟁영화에서 병사를 구성하는 방식은 대부분 비슷하다. 시골 촌뜨기, 브루클린 출신으로 빈정거리는 말투의 사내, 남부 출신 농부, 서남부에서 온 히스패닉 인물, 인텔리 대학생 등 미국 사회의 다양성을 고루 반영하고 있다. 이런 구성은 판에 박은 듯한 느낌을 주기도 하지만 현실을 반영한 것이기도 하다. 7±2팀은 사회 전체의 다양성을 반영할 수 있는 최소 규모의 팀이고, 그렇기 때문에 성격 또는 재능의 다양성을 구현할 수 있다.

- 스타트업 정신: 7±2팀은 스타트업과 동의어라고 봐도 좋다. 위대한 하이테크 스타트업을 생각할 때 사람들은 흔히 창업주 두세 명만을 떠올린다. 물론 사업 아이디어를 구체화하는 초기에는 두세 명으로도 가능하다. 하지만 실제 비즈니스 수행 단계에 들어갈 때라면 다섯 명에서 아홉 명(6~7명이 최적) 정도의 팀이 만들

어져 있어야 한다. 그래야 추가 투자 유치, 제품 설계, 개발 등의 실질적 업무가 가능하기 때문이다. 애플, 마이크로소프트, 구글, 페이스북, 트위터 등의 스타트업 과정에서 그랬고, 일부 대기업 내부 스타트업(예를 들어 애플의 매킨토시팀)도 마찬가지였다. 이 팀은 흔히 스타트업 기업이 초기 벤처투자를 받을 때까지 핵심적인 역할을 하는데, 그 시점을 기준으로 제대로 된 회사의 모습을 갖추기 시작한다. 이런 의미에서 7±2팀이야말로 진정한 의미의 스타트업 팀이다.

이와 같은 이유로 7±2팀은 가장 자립적인 조직으로 유연하고 빠르며 응집력이 강하다. 진정한 의미의 다양성과 생산성이 있는 분업, 효과적 규모의 경제 실현이 가능한 인원수이기도 하다. 또 유연성과 독립성을 바탕으로 좀 더 큰 조직의 구성 요소로 활용될 수 있고, 나아가 대기업의 근간을 이루는 기본 조직 형태로 쓰인다. 한편 조직 구성과 해체를 비교적 신속하게 할 수 있을 뿐 아니라, 단일 위계 구조로 상위 위계 아래에 집어넣기도 용이하다.

이런 다양한 강점에도 불구하고 7±2팀이 모든 면에서 완벽한 것은 아니다. 작고 빠르며 유연한 것은 강점이지만 상황에 따라 심각한 핸디캡으로 작용할 수도 있다. 예를 들어 업무량이 폭주하면 6명밖에 안 되는 팀으로는 감당하기 어렵다. 업무량 감당이 안 되어 새로운 사람을 충원하면 훈련시키고 기존 팀원과 조화롭게 일할 수 있도록 돕는 것도 문제다.

몇 명을 충원해야 하는지도 고민이다. 서너 명 늘려 10~11명만

되어도 관리가 안 된다. 이 정도 규모를 리더 한 사람이 제대로 관리하기란 쉽지 않다. 따라서 인원이 다소 부족하더라도 한두 명 정도만 충원하거나, 아니면 아예 대여섯 명의 규모로 충원하고 중간 관리자를 한 명 두는 것이 좋다.

이런 약간의 문제에도 불구하고, 7±2팀으로 대변되는 스타트업 기업들은 글로벌 경제를 주도하고 있다. 7±2팀의 인기는 앞으로도 계속될 것이다.

7±2팀의 조직화와 관리

7±2팀을 관리하는 리더는 해당 팀에 소속되어 있는 경우가 일반적이다. 리더가 그 팀에 속해 있든 그렇지 않든 관리의 원칙은 같아야 한다. 특히 팀원을 선정하는 과정에 주관적 오류가 개입되면 안 된다. 리더의 선호도가 팀원 선정에 영향을 줘서는 안 된다는 의미다. 리더가 팀에 속해 있지 않은 경우 이런 실수를 줄일 수 있다.

다양성 이슈도 문제다. 리더와 비슷한 사람들로만 팀원을 선발하면 분위기도 좋고 이견 없이 사이 좋게 잘 지낼 수 있겠지만, 최종 결과는 기대에 못 미칠 수 있다. 7±2팀을 조직할 때 선발의 오류를 줄이기 위해서는 제3자의 도움을 받아 객관성을 보장해야 한다.

리더는 팀의 중요한 마일스톤을 직접 챙겨야 한다. 다른 사람의 도움을 받을 수도 있지만, 팀과 관련한 모든 마일스톤과 축하가 필요한 대소사(1차 개발 목표 달성이나 팀원의 생일 등)를 직접 챙기는 것은 리더의 책임이다. 이런 일정들을 잘 기록하고 실수 없이 챙겨야 사소한 실수로도 감정이 상하는 실수를 하지 않는다.

15±3팀

여기서 예시로 소개하는 15±3팀 두 개는 대중음악 밴드다. 일부 독자는 이 밴드의 음악을 거의 매일 들었겠지만, 정말 하드코어 팬이 아니라면 그 팀을 상세하게는 알지 못할 수 있다. 이 점이 중요하다. 두 팀은 철저하게 효율을 목적으로 만들어졌고, 팀 명성을 추구하지는 않았기 때문이다. 두 팀 모두 같은 매직넘버의 인원이었고, 주어진 과제를 탁월하게 수행했다.

한 팀은 '펑크 브라더스Funk Brothers'라는 별명의 디트로이트 모타운 스튜디오Motown Studio in Detroit다. 베이스 주자 제임스 재머슨James Jamerson, 밴드 리더 조 헌터Joe Hunter 정도를 제외한 다른 멤버의 이름을 아는 독자는 아마도 없을 것이다. 2002년 모타운을 다룬 다큐멘터리「모타운의 그늘에 서서Standing in the Shadows of Motown」를 시청한 사람이라도 크게 다르지 않다.

하지만 1959년에서 1972년 사이 모타운 밴드는 (다큐멘터리에 따르면) 비틀스, 엘비스 프레슬리, 롤링스톤스, 비치 보이스를 합친 것보다 많은 넘버원 히트곡을 연주했다. 이 기간 중 모타운에서 낸 모든 히트곡(스모키 로빈슨Smokey Robinson, 미라클스the Miracles, 슈프림스the Supremes, 템테이션스, 마빈 게이Marvin Gaye 등의 곡들)의 연주를 이들이 담당했는데, 중간에 멤버가 교체되는 등 변화 속에서도 항상 13명의 연주 팀을 유지했다.

한편 미국 서부의 로스앤젤레스에도 거의 같은 인원수로 구성된 또 다른 스튜디오 뮤지션 그룹 레킹 크루Wrecking Crew가 있었다. 모타운만큼 많은 히트곡을 내지는 않았지만 인기는 더 높았다. 글렌 캠벨Glen Campbell, 닥터 존Dr. John, 레온 러셀Leon Russell, (베이스 연주자) 캐롤 카예Carol Kaye, 소니 보노Sony Bono, (프랭크 시나트라Frank Sinatra의 드러머) 할 블레인Hal Blaine 등이 그들이다. 펑크 브라더스가 「I Heard It Through The Grapevine」과 「What's Going On」으로 인기몰이를 했다면, 레킹 크루는 「Good Vibrations」와 「Pet Sounds」 등으로 명성을 떨쳤다.

그렇다면 팝뮤직 팬들은 펑크 브라더스나 레킹 크루 멤버를 왜 잘 모르는 걸까? 한 가지는 그들의 역할 자체가 무대 뒤편에 있었기 때문이다. 무대 전면에서의 역할은 포탑스Four Tops 또는 버즈Byrds 같은 인기 아티스트들의 몫이었다. 또 한 가지 이유는 팀 인원이 너무 많다는 데 있다. 보통 팬들은 열세 명이나 되는 이들의 이름을 기억하기 어렵다.

모던 프로그레시브 록 밴드인 폴리포닉 스프리Polyphonic Spree나 아케이드 파이어Arcade Fire도 마찬가지다. 두 그룹 멤버의 이름을 전부 기억하는 사람은 거의 없다. 팔리아먼트·펑카델릭Parliament·Funk-adelic에서는 리더인 조지 클린턴George Clinton과 베이시스트 부시 콜

린스Bootsy Collins, 기타리스트 에디 헤이즐Eddie Hazel 정도만 기억할 것이다. 그러나 이들 그룹은 모두 외부의 영향을 받지 않고도 자체적으로 적절한 인원수를 정한 결과 12명에서 18명이 한 팀을 이루었다.

15±3팀이 음악 분야에만 특정된 것은 아니다. 하이테크 분야만 봐도 그렇다. 마이크로소프트의 창업팀과 애플의 매킨토시팀은 각각 12명, 13명이었다. 대중음악, 기술 분야 외 영역에서도 15±3이라는 팀 규모는 유효하다.

▌15±3팀의 조직화

15±3팀은 하위 팀을 두고 각 하위 팀에 전담 관리자를 둘 수 있는 형태의 조직 중 가장 작은 규모다. 하위 팀에 전담 관리자가 있어서 나름의 독자성을 갖고 의사결정과 실행이 가능하다는 강점이 있다. 이렇게 전담 관리자가 있다는 것은 조직 운영에서 상당한 차이를 만들어낸다. 이보다 작은 팀에서는 하위 팀 전담 관리자가 실무를 하며 중요한 의사결정을 병행하기 때문에 실수가 잦지만, 15±3팀은 하위 팀 전담 관리자가 관리 업무에만 집중할 수 있다.

15±3팀의 최대 인원은 18명으로, 한 단계 아래 유형(7±2팀)의 가장 적은 인원 5명보다 3배 이상 많다. 이 정도 규모의 조직이 보유한 업무 역량은 결코 무시할 수 없다. 특히 팀이 전담 관리자층을 갖추고, 구성원들이 지속적으로 업무에 집중하게 하며, 동기부여를

통해 높은 사기를 유지한다면 그 업무 역량은 크게 높아진다.

15±3팀에서는 노동 분업과 관리 위계가 본격적으로 나타난다. 따라서 진정한 의미의 조직이라 할 수 있다. 이 유형에는 작은 팀에서는 발견되지 않는 몇 가지 특징이 있다.

- 위계 구조에 의한 관리: 15±3팀부터 두 단계의 관리자층이 형성된다. 조직 내 지휘 명령 체계가 뚜렷해짐에 따라 리더는 팀원을 임의로 관리하지 않고 적절한 중간관리자를 통해 관리권을 행사한다. 이 정도 규모의 조직에서는 통제 범위의 제약 때문에라도 최상위 리더가 모든 팀원의 일상 업무를 일일이 관리하거나 모든 팀원과 직접 소통하는 것이 불가능하다.

- 전문화된 리더십: 15±3보다 작은 조직에서는 팀 리더도 팀원들이 하는 일을 함께 한다. 군대에서도 7±2 규모에 해당하는 조직의 지휘권은 정식 장교가 아니라 하사관들에게 부여된다. 하사관들은 지휘 역할 외에도 필요시 사병들이 수행하는 업무와 전투에 직접 참여한다. 하지만 15±3 규모인 소대에서는 지휘권이 소위에게 부여되는데, 이들은 전문적으로 지휘 역할에 대한 훈련을 받은 임관 장교들이다(다만 군대의 소대는 영리기업의 15±3 유형의 팀보다 인원이 많은데, 7±2 규모의 분대가 하나 더 추가되고 선임하사와 화력팀 지휘관이 추가로 필요하기 때문이다). 같은 이치로 기업에서 15±3팀 역시 경영에 대한 훈련을 받은 전문 리더가 담당한다. 실무 경험과 경영학 석사학위를 갖춘 초급 관리자급 리더가 주로 이 역할을 맡는다. 이들은 팀 실무를 수행하지 않고 팀(좀 더 정확하게 말하면 하위 팀의 리더들) 관리에 집중하며 외부 조직과의 커뮤니케이션 채널 역할을 한다.

- 기업에서 전형적으로 볼 수 있는 15±3팀의 예로는 지역 영업팀, 단위 기능팀, 또는 제품별 생산 담당 부서 등을 들 수 있다. 연구개발 영역에서 15±3팀에 해당하는 조직은 원천 기술을 바탕으로 생산 단계에 적용 가능한 프로토타입을 만들어 내는 응용 개발 부서로 볼 수 있다. 스타트업 분야에서는 초기 벤처캐피털 투자를 받는 단계의 회사가 대체로 15±3팀에 해당하는데, 이때는 제품이나 서비스의 데모 버전이 완성되는 시점과 일치한다. 백화점의 예를 들면 개별 판매 코너별 책임자와 소속 판매 직원들이 여기에 해당한다. 이와 같은 예는 무궁무진하다.

- 약간 규모가 큰 자동차 수리점이나 세탁소, 카페 등의 조직도 크게 다르지 않다. 주로 단일 유형의 제품이나 서비스를 중심으로 수직적으로 분할된 업무를 수행하며 오너 또는 전담 관리자가 배치되어 있는 형태의 소기업 역시 15±3팀 유형 또는 그 변종이다. 한마디로 소규모 비즈니스 세계는 15±3팀에 의해 운영된다고 해도 과언이 아니다.

다음은 15±3팀을 속성별로 세분화했다.

- 단일 체계형: 이 유형은 모든 팀원이 리더 한 사람에게 보고하는 형태다. 이 유형은 일반적인 관리자의 통제 범위를 뚜렷이 넘어서기 때문에 15±3팀 유형에서 가장 드물다. 그리고 자세히 살펴보면 숨은 중간관리자층이 존재하는 경우가 많다. 예를 들어 소기업 오너의 배우자가 인사, 회계, 행정 업무를 맡거나, 경험이 많은 직원이 리더를 보좌하거나, 리더의 비서가 사실상 리더 역할의 일부를 수행한다. 하지만 이런 특징이 오히려 사업 성장의 장애 요인으로 작용하기도 한다.

- 프로페셔널형: 중소형 부동산중개사무소가 대표적이다. 12명 정도의 전문 중개인이 소속되어 있고, 이들은 모두 자기 고객을 가지고 있으며, 사무소 책임자는 따로 있다. 사무소 책임자는 대개 비서 한 명을 두고 중개인들의 수수료 정산 외에 사무실 임대, 운영, 광고 등 제반 업무를 챙긴다. 법무법인도 비슷하다. 법무법인 책임자는 의뢰인에 대한 법률 서비스보다는 사무소 행정 업무와 사건 수주에 주로 시간을 쓴다. 소규모 병의원, 회계 사무소, 보험 사무소, 면허 관리 사무소 등의 사정도 비슷하다. 이런 유형에서는 공통적으로 관리 역할이 최소화된다. 개별 구성원은 모두 반^半독립적 전문가이고, 이들에게는 조직이라는 우산이 필요할 뿐이기 때문이다.

- 생산 현장형: 순차적 생산 공정 중심의 소규모 제조기업은 주로 15±3팀을 구성하여 하위 팀 두세 개에 관리자를 두고 사업주가 판매를 총괄한다(회계나 다른 행정 업무는 대개 외주를 활용한다). 오토바이 주문 제작, 자동차 수리, 기계류 제작 등의 사업에서 이런 조직 형태를 흔히 볼 수 있다.

- 기술 개발형: 기술 및 신제품 개발과 관리를 담당하는 조직에 적용되는 팀 유형이다. 여기서 15±3팀은 사실 7±2 유형의 확대판이다. 보통 소프트웨어 개발팀은 7±2팀이 많다고 했는데, 15±3팀은 큰 규모의 개발 프로젝트나 개발 시한이 촉박한 프로젝트를 책임진다. 소프트웨어 제품 출시가 시급한 경우 숙련된 기술자들을 병렬적으로 투입해서 빠른 시간 안에 코딩을 완성할 수 있기 때문이다. 즉, 동일한 업무를 여러 하위 팀에 동시에 부여하여 병렬적으로 처리하는 것이 가능하다.

15±3팀에서 가장 중요한 것은 직접 실무를 하지 않는 관리자를 통해 하위 팀 업무를 효과적으로 조율하고, 업무 진척도를 긴밀하게 모니터링하며, 외부 조직과의 커뮤니케이션을 효과적으로 실시하는 것이다(반면 규모가 작은 팀은 조직 외부로부터 고립, 격리되는 경향이 있다).

앞에서도 언급했듯이 팀에 대한 기본 원칙은 과업 수행에 필요한 최소 인원을 고수하는 것이다. 그러나 15±3팀은 기본 원칙에서 벗어난다. 만약 9명 정도가 필요한 과업이 있다면 차라리 15±3팀을 만들고, 여유 인력을 활용하여 팀의 관리 체계를 탄탄하게 하는 것이 더 좋을 수 있다. 그렇게 했을 때 생기는 성과가 비용을 충분히 상쇄하기 때문이다.

반면 큰 조직 형태를 선택하는 것에는 약점도 따른다. 로빈 던바는 모든 구성원이 가족처럼 가까운 관계를 유지할 수 있는 최대 규모가 7±2팀이라고 했다. 15±3팀은 구성원 간의 신뢰가 가능한 최대 규모다. 둘 사이의 격차는 상당히 크며 결정적이다. 15±3팀과 달리 작은 팀에서는 모든 팀원이 기꺼이 협업하고, 서로의 강점과 약점을 잘 이해하며, 팀 성과와 관련해서 칭찬과 비난을 공유할 수 있기 때문이다.

15±3팀은 또한 제프 베조스의 '피자 두 판' 원칙에도 벗어난다. 팀원 한 명 한 명과 직접 소통하는 것이 불가능하다. 또한 내부 관리층을 갖는 것이 강점이기도 하지만, 리더의 메시지가 전달되면서

미묘하게 왜곡, 변질되는 등의 한계도 동시에 존재한다.

▌15±3팀의 운영

15±3팀은 다양성을 최대한 높이는 방향으로 팀원을 구성해야 한다. 여기에는 몇 가지 이유가 있다.

- 내부 문제 때문에 조직이 불안해질 걱정이 줄어든다. 상대적으로 규모가 작은 페어, 트리오, 7±2팀에서는 문제 팀원 때문에 조직이 제대로 굴러가지 않는 경우가 생기곤 한다. 문제 인물이 빨리 교체되지 않는 경우 더 큰 어려움에 빠지기도 한다. 하지만 15±3팀은 내부 갈등 및 마찰을 어느 정도는 흡수할 수 있는 규모다. 조직 전체의 다양성을 높이는 방향으로 팀원을 뽑아도 좋다.

- 하위 팀 간 이동이 어느 정도 허용된다. 재능이 뛰어난 직원이 자신이 속한 하위 팀에 적응하지 못하면 팀 내 다른 하위 팀으로 옮겨줄 수 있다.

- 리더가 본연의 역할에 집중할 수 있다. 작은 팀에서는 리더가 관리 업무와 실무를 병행해야 하므로, 조직 적응이 어려운 팀원을 친절하게 코칭하지 못한다. 하지만 15±3팀에서는 두 단계의 관리자층이 존재하므로, 리더가 조직 적응에 어려움을 겪는 팀원에게 특별한 관심을 쏟을 수 있다.

이미 조직되어 운영하기 시작한 15±3팀에는 일반 조직 경영의 공통 원리가 적용된다. 리더가 할 일은 팀원을 통해 성과를 내고, 팀원과 좋은 관계를 유지하고, 조직 건강을 지속적으로 모니터링하며, 팀원의 노력과 성취를 인정하고, 외부의 충격과 도전에서 팀원을 보호하는 것 등이다. 예산을 신중하게 관리하고, 조직 변화 과정에서 팀원들을 잘 다독이는 활동도 필요하다.

팀을 잘 다져놓으면 나머지는 팀이 알아서 한다.

8

비대해지지 않게 팀 규모 키우기

15±3팀보다 큰 조직으로 발전하면 조직 위계가 하나 추가될 때마다 팀 규모가 3배 정도씩 커진다. 통제 범위가 확대됨에 따라 위계가 더 필요해지고 그에 맞게 조직이 커지는 것이다.

조직 위계가 추가되고 팀 규모가 커질 때마다 그 아래 단계 조직과의 차이도 그만큼 커진다. 팀 규모가 커지기 시작하면 조직은 걷잡을 수 없이 비대해지고 구성원들의 소속감도 낮아진다. 성과에 대한 기대와 신뢰는 어느 정도 높아지지만, 큰 조직의 약점을 상쇄할 정도는 아니다. 큰 규모의 팀을 선택한다는 것은 그만큼 큰 투자가 필요함을 명심해야 하다.

인원 50명 규모의 팀부터는 중간 규모가 아니라 대규모 팀이 된다. 대규모 팀은크게 두 가지로 나뉜다.

- 50±10팀: 이 조직은 중소 제조기업과 같다. 제품이나 서비스를 출시하고, 2차 벤처투자를 받을 정도의 스타트업도 이 규모에 해당한다. 단일 지역에 기반하여 전담 영업망을 갖고 제품 라인업을 늘려가는 경우가 보통이다. 대기업에 속해 있다면 기능적으로 분화된 본부 정도가 여기에 해당된다.

- 150±30팀: 규모가 큰 중소기업에 해당하고, 여전히 개인 소유 형태가 보편적이며, 한 지역만을 대상으로 사업을 하는 경우가 많다. 대기업에 속해 있다면 3~4단계의 내부 위계를 갖는 사업부가 여기에 포함된다. 스타트업이라면 3차 투자를 받은 단계에 속하며, 다른 작은 기업을 인수하거나 기업 공개를 앞두었을 가능성이 높다.

50±10팀은 구성원 간 신뢰가 (제한적인 수준이긴 하겠지만) 중요한 요인으로 남아 있는 조직 중 가장 큰 규모다. 이 조직에서는 구성원이 조직 이익에 반하는 행동을 하지 않을 것이라는 믿음이 어느 정도 남아 있다. 이는 구성원들이 서로를 조금이라도 알기 때문이다.

두 유형의 팀으로 발전한 조직은 지역사회에 대한 존재감과 영향력을 어느 정도 갖고 있다. 직원, 고객, 투자자, 정부 등 다양한 이해당사자도 이에 상응하는 기대를 가지고 조직을 바라본다. 50인 이상의 조직에서 일하는 직원들은 비교적 안정적인 고용과 보너스를 기대하고, 150인 이상의 조직 직원들은 주식 상장이나 인수합병 등을 통해 상당한 부를 획득할 기회도 있다.

이 경우 대기업과는 달리 모든 직원이 상장 또는 인수합병으로 인한 경제적 혜택을 누린다. 소셜 네트워킹 기업 왓츠앱^{WhatsApp}이 창업 3년 만에 직원 55명밖에 안 되는 규모에서 페이스북에 190억 달러에 인수되어, 직원 1인당 최소 1억 2000만 달러를 번 것이 유명한 사례다. 이 유형의 조직은 스톡옵션도 비교적 공평하게 배분되고 성장에 따른 승진 기회도 많다.

50~150명 팀은 작은 규모의 팀에 비해 상대적으로 높은 독립성과 안정성을 갖는다. 굳이 외부 공급회사나 하청회사에 의존하지 않고 모든 핵심 과업을 내부 역량으로 수행할 수 있기 때문이다. 설사 외부 공급회사나 하청회사를 쓰더라도 협상력에서 우위를 가지며, 외부 회사들을 충분히 감독할 수 있는 내부 직원이 있다. 내부 수행 역량이 충분하다는 것은 달리 표현하면 간접비 비중이 상대적으로 낮다는 이야기도 된다. 이런 유형의 조직은 시장에서 오는 충격에도 강하다. 경기가 안 좋을 때 작은 회사보다 더 잘 버틴다는 의미다. 작은 조직에 비해 민첩성과 유연성은 떨어지지만 생존에 필요한 현금, 재고, 설비 등을 충분히 갖고 있다.

혁신의 관점에서 생각해보자. 작은 팀은 대개 하나의 아이디어로 해당 분야의 혁신을 만들어내지만, 50~150명에 이르는 팀은 새로운 제품을 지속적으로 출시하고 기존 제품을 업그레이드하며 수익성을 극대화하는 방식으로 혁신을 추진한다.

두 조직의 또 다른 강점은 확장성에 있다. 작은 조직에 비해 라인^{line} 부서와 스태프^{staff} 부서가 잘 분리되어 있고, 합리적인 의사결정기구가 존재하며, 여러 단계의 조직 위계를 갖추고 있어서 혁신 없이 확장만으로도 성장할 수 있다.

　두 유형의 팀은 가상 기업의 플랫폼 조직으로 활용될 수 있다는 최근의 관점도 흥미롭다. 이 내용은 필자의 2009년 저서《미래는 어제 도착했다The Future Arrived Yesterday》에도 소개되어 있다. 21세기에는 수천 명의 파트타이머, 프리랜서 전문가 등으로 구성된 인터넷 기반의 가상 기업이 보편화될 것이며, 이런 기업은 끊임없는 변화에 효과적으로 적응하기 위해 내부에 탄탄한 소규모 핵심 조직을 가질 필요가 있다. 위에 설명한 두 유형의 조직은 이런 가상 기업의 내적 안정성을 담보하는 중심 역할을 하며, 조직 내부 신뢰를 마지막까지 보장하는 미래 기업의 핵심으로 존재할 가능성이 크다.

　던바는 50이라는 수를 "호주 원주민이나 남아프리카 산 부시먼족 같은 전통 수렵·채집 집단이 야외에서 캠핑을 할 때 유지하는 평균 인원수"라고 다소 애매하게 설명한다. 하지만 이 설명은 약간 끼워 맞추기 식의 해석이란 느낌이 든다.

　차라리 군대 조직을 예로 설명하는 편이 더 수월하다. 전형적인 군대 편제에서 소대 3개와 지휘본부로 구성된 중대가 바로 이 규모다. 게다가 중대의 영어 명칭도 공교롭게 컴퍼니company다. 또 다른 예로는 셰익스피어 킹즈멘컴퍼니Shakespear King's Men company라는 엘리자베스 여왕 시대의 전설적인 극단도 이 규모와 같다. 글로브 시어터에서 공연했던 이 시대 극단들은 배우 26명과 같은 수의 스태프로 구성되었다.

이와 반대로 150은 던바의 수에서 가장 유명하다. 그만큼 가장 안정적인 조직 규모로 볼 수 있다. 이 규모까지는 내부 사람이 서로를 모두 알 수 있다. 또한 수준 높은 외부 경영자와 업계 최고 전문가를 영입하기에도 수월하며 강력한 잠재력을 갖고 있는 것으로 비친다. 바로 이런 점 때문에 150±30팀이 회사, 클럽, 사회단체, 특수전 부대, 오케스트라 등 온갖 종류의 현대 조직을 지배하고 있다.

50±10팀과 150±30팀에는 공통점이 많다. 두 유형의 팀은 '부서분화分化, departmentalization' 현상이 두드러지게 나타난다는 특징이 있다. 내부 운영 조직이 별도로 존재하고, 운영에 필요한 인프라가 잘 갖추어져 있다.

이런 팀에서는 생산, 연구개발, 인사, 영업, 마케팅 등 기능에 따른 엄격한 분화가 나타난다. 50인 팀과 150인 팀 간의 차이는 하위 조직의 세분화 수준뿐이다.

예를 들어 판매 관련 기능이 영업과 마케팅으로 세분화된다든가, 마케팅이 PR, 광고, 마케팅 기획 등으로 한 번 더 나뉘는 것 등이다. 중견기업 이상 규모에서는 자체적인 IT 부서나 모든 하위 기능을 갖춘 재무 부서를 갖춘 경우가 많다. 이사회 활동도 활발하며 공식적인 역할을 수행한다. 대기업에서는 분화된 최고경영진과 부문별 임원이 존재한다.

50인 조직부터는 내부 신뢰 문제가 부각된다. 이와 관련하여 필자들은 실리콘밸리의 유명한 경영자 톰 시벨Tom Siebel과의 미팅을 떠올렸다. 시벨은 영업 자동화 소프트웨어 기업인 시벨시스템즈 Siebel Systems를 창업하여 시장 지배적 기업으로 키웠고 나중에 오라클에 60억 달러에 매각했다. 필자들은 시벨시스템즈가 50명 정도 규모였을 때 그를 만났다. 당시 톰 시벨의 표정이 매우 어두워 보여서 물었다.

"무슨 걱정이라도 있나요?"

"지금 막 부사장직 후보와 입사 조건 협상을 끝냈어요." 톰이 대답했다.

"후보가 마음에 안 들었나요?" 다시 물었다.

"아니요. 정반대죠." 그가 대답했다.

"그럼 뭐가 문제죠?" 반문했다. 그러자 톰은 고개를 절레절레 흔들며 이야기했다.

"자기가 원하는 사무실과 복리후생 등 온갖 조건을 내놓더군요."

"그게 무슨 의미죠?" 다시 묻자, 그는 미간을 찌푸리며 답했다.

"이제 우리가 더 이상 진정한 의미의 팀이 아니란 거죠. 더 이상 스타트업이라고 할 수 없다는 겁니다. 사람들이 한마음 한 뜻으로 뭔가 해보기보다는 회사에서 제시하는 조건에 따라 입사 여부를 결정하는 회사가 되었단 이야기입니다. 언젠가 이런 날이

올 줄은 알았지만, 이렇게 빨리 올 줄은 몰랐네요."

조직이 150명 또는 그 이상으로 커지면 이전에는 없었던 각종 경영상의 문제가 생긴다. 또한 이 정도 규모가 되면 외부 헤드헌터들이 내부 인재를 빼 가려고 눈독을 들여 회사 성장에 필요한 인재를 경쟁사에 빼앗기기도 하는 시점이 된다.

┃50·150팀의 조직화와 관리

50·150팀이 아무것도 없는 제로(0)의 상태에서 만들어지는 경우는 거의 없다. 이런 조직은 대개 기존의 작은 조직이 외연을 확대함으로써 만들어진다. 하나의 조직에 인원이 충원되기도 하고, 기존 조직 여러 개가 통합되는 경우도 있다.

조직이 확대되는 과정에서는 관리자층 역시 늘어난다. 대개는 이미 존재하는 관리 위계 사이에 새로운 위계가 추가되는 방식이다. 50인 팀은 두 개의 위계에서 세 개의 위계로 늘어나는 경우가 많으며, 주로 관련 기술이나 유사한 시장별로 하위 팀 2~3개를 묶은 다음 여기에 중간관리자를 추가로 지정하는 경우가 일반적이다.

150인 조직에서는 관리자층의 확대가 좀 더 복잡한 양상을 띤다. 하위 팀이 본부로 격상되고 그 안에 관리 위계가 추가된다. 이렇게 되면 조직 전체에서 하위 관리층이 차지하는 비중이 커질 수밖에 없다. 하지만 관리층 밑의 일반 직원 수가 늘어 다음 단계의 조직

규모로 격상되면 하위 관리층이 상대적으로 무거운 불균형 문제는
자연스레 해소된다.

450명과 1500명 이상 조직

마지막으로 가장 큰 규모의 조직을 살펴보자. 이 조직은 450명
에서 1500명 이상까지도 될 수 있다. 대형 조직은 앞에서 검토한 작
은 조직들과 확연히 다르고, 경영학과 조직 이론 분야에서 이미 충
분한 연구가 이루어져 있기 때문에 필자들이 새로운 내용을 추가할
필요는 없다. 다만 지금까지 연구에서 잘 다루지 않았던 대형 조직
관련 핵심 이슈만 간략히 다루고자 한다.

우선 대형 조직도 본질 자체는 팀이라는 점을 잊어서는 안 된다.
군대로 치면 대대, 연대, 여단이며 대학교로 치면 교수진과 지원행
정본부 등이 여기에 해당한다. 민간 상장기업, 정부 산하 기관, 비영
리 재단, 방송국 등 분야와 형태를 떠나 모든 조직이 팀이라는 본질
에서 벗어날 수 없다.

이런 조직을 자세히 들여다보면 페어, 트리오, 중간 크기 하위 팀
등 모든 종류의 팀이 존재함을 알 수 있다. 큰 조직은 바로 이런 조
합으로 이뤄졌다. 조직이 이런 사실을 충분히 인지하고 관리한다면
보다 뛰어난 성과를 낼 것이다.

기업 규모가 아무리 커도 결국은 하나의 거대한 팀에 불과하다.
큰 조직 역시 작은 팀들이 지닌 특징을 모두 갖고 있다. 이런 관점

에서 보면 직원 10만 명의 글로벌 기업이나 작은 사무실에 10명 내외가 일하는 작은 기업이나 같다. 결국 기업도 팀으로서의 생애주기를 동일하게 따른다. 모든 기업은 다음과 같은 팀의 특징을 염두에 두고 조직을 운영해야 한다.

- 최대한 작은(팀 유형별 최적의) 규모를 유지한다.
- 지속적으로 커뮤니케이션을 개선한다.
- 구성원 스킬과 태도의 다양성을 제고한다.
- 성과와 마일스톤 달성을 축하하고 인정한다.
- 조직 변화 상황을 신중하게 관리한다.

이 특징들은 작은 규모의 팀 조직을 설명할 때 이미 밝혔지만, 대규모 조직이라고 해서 간과해서는 안 된다. 많은 대기업은 작은 팀에 적용되는 특징과 관행을 대규모 조직에 적용하기 어렵다고 생각한다. 하지만 이것은 사실과 다르다. 실제로 대기업일수록 구성원의 사기, 충성심, 내부 조율 등 작은 팀이 지닌 성공 비결을 강조할 필요가 있다. 환경이 빠르게 변화하고 글로벌 시장이 형성되면서 이런 니즈가 커졌다. 크고 작은 내부 팀의 성과를 극대화하는 것이야말로 갈수록 떨어지는 대규모 조직의 인력 투자 대비 효율을 높이는 유일한 방법이다.

마지막으로, 소규모 팀의 특징인 구성원의 자유와 자율, 원활한 상향 커뮤니케이션 등이 어쩌면 대기업의 창의와 혁신을 되살리는 유일한 길일 수 있다. 이것이야말로 클레이튼 크리스텐슨 교수가 제기한 '혁신의 딜레마'의 진정한 해결책이다. 이런 노력을 통해 조직 내부에서 파괴적 혁신이 일어날 수 있기 때문이다. 스티브 잡스가 2000년대 초반 애플에서 한 역할이 바로 그것이었고 이를 통해 아이팟, 아이폰, 아이패드와 같은 혁신이 도출되었다.

미개척지

지금까지 여러 유형을 상세하게 검토했다. 이 과정에서 당연히 떠오르는 질문이 있다. 보다 큰 규모의 팀으로 발전하는 과정에서 당연히 생길 수 있는 과도기를 어떻게 넘겨야 하는지의 문제다. 예를 들어 직원이 55명인 중소기업을 좀 더 키우려고 한다고 가정해보자. 50명 규모 다음 팀은 150명 규모인데, 다음 단계의 조직으로 넘어가기까지는 무려 95명이나 부족하다. 직원 수를 지금보다 170% 이상 늘려야 한다. 이렇게 많은 사람을 한꺼번에 채용하기는 불가능하다. 어떻게 하는 것이 좋을까?

지금까지 언급된 팀 규모는 '최적'의 수를 언급한 것이다. 운영 효율성이나 구성원 간 사회적 특성 등을 고려할 때 그런 수의 팀이 가장 이상적이라는 사실이다. 최적이 아니라고 해서 조직이 당장 안 돌아가는 것은 아니다. 단지 최적의 효율성을 달성하기가 상대적으로 어렵다는 의미이고, 이런 위험조차도 조직을 신중하게 관리하고 잠재적 위험을 자각함으로써 완화할 수 있다.

　반대로 인원수가 팀 유형의 '최적'에 해당한다고 해서 자동으로 팀의 성공이 보장되는 것은 아니다. 팀 규모라는 요인과 경영진 역량 혹은 조직 다양성과 같은 요인 간에 상대적이고 실증적인 비교 분석이 이루어져야 한다.

　팀을 교과서대로 운영해도 여전히 실패할 가능성을 배제할 수는 없다. 경영에서 성공을 절대적으로 보장하는 것은 없다. 단지 성공의 확률을 높일 뿐이다.

　팀을 연구하는 이들은 이미 이상적 팀 규모에 대해 어느 정도 공감하고 있다. 그렇다고 해서 최적의 팀 규모 중간에 있는 새로운 규모의 팀을 아예 시도하지도 말아야 하는 것은 더욱 아니다. 팀의 성과 달성 확률이 떨어질 수는 있지만 그 위험 확률이 얼마인지는 아무도 알 수 없다.

　단순히 이야기하면, 최적의 수 대비 변동 폭이 20%인 경우 (예를 들어 15명의 경우 ±3, 150명의 경우 ±30), 수용 가능한 경계 오차 범위를 50% 정도로 볼 수 있다. 따라서 두 개의 작은 팀 사이에서는 오차 범위와 격차의 폭이 완전히 겹친다. 아주 큰 조직, 즉 450±225 및 1500±750 조직에서만 이런 현상이 일어나지 않는다. 하지만 큰 조직이라면 이 정도 격차는 쉽게 극복할 수 있다.

　진짜 문제는 최적 규모의 팀을 조직하는 데 소요되는 노력과 비용 대비 성과를 극대화하고 손실을 최소화하는 방법이다. 이에 대한 정답은 없다. 결정은 팀 리더가 예산, 시장 진출 계획, 가용 인력 풀 등 여러 가지 변수를 종합적으로 고려하여 판단할 문제다. 어쩌면 조만간 그런 의사결정을 도울 수 있는 도구가 개발될지도 모르겠다.

9

팀의 탄생과 생애

미국 역사상 가장 중요한 팀이 1783년 12월 4일 임무를 마치고 공식 해산하게 되었다. 장소는 뉴욕 시에서도 가장 오래된 구역인 프랜시스 태번의 롱룸 식당이었다. 그로부터 9일 전, 미국과의 전쟁에서 패배한 영국 군대와 보수당원 대부분은 대영제국 전함을 타고 미국 땅을 떠났다. 적이 떠난 것을 자축하는 퍼레이드와 축하 행사도 거의 끝났고 도시는 안정을 되찾고 있었다. 전투를 승리로 이끌었던 팀은 빨리 고향에 돌아가 가족과 함께 크리스마스를 보내고 싶었다. 지난 6년 동안 이 팀 구성원들은 거의 대부분 집에 가지 못했다.

그렇게 귀가를 준비하던 사람에는 총사령관 조지 워싱턴 장군도 포함되어 있었다. 그 또한 전쟁 기간 동안 버지니아 주의 마운트버논에 있는 집을 단 한 번밖에 가보지 못했다. 몇 년 만의 귀가를 앞두고 그는 짐을 모두 싼 상태였고, 애마인 넬슨^{Nelson}도 깨끗이 단장하고 여행 채비를 마쳤다. 넬슨은 조지 워싱턴을 태우고 전장을 누볐고, 먼머스의 불타는 다리 밑에서도 바위처럼 굳건했으며, 영국 콘월리^{Cornwalli} 부대의 항복을 이끌어낸 요크타운 전투에서도 워싱턴의 옆을 지켰던 말이다.

행사를 앞둔 팀원들은 이것이 마지막 모임이라는 사실을 알고 있었다. 그들은 가장 깨끗한 제복을 입고 일찌감치 숙소를 나서 행사 장소로 향했다. 이날의 행사는 그들이 지켜낸 국가의 독립이 유지되는 한 영원히 기억될 것이기 때문이었다.

이날 행사에 참여했던 사람 중 벤저민 톨마지^{Benjamin Tallmadge}는 뉴욕 토박이에다 뉴욕 시 경찰 국장의 아들이었다. 전쟁 기간 중에는 조지 워싱턴의 정보부대 총책임자 역할을 했다. 그는 맨해튼에서 컬퍼 첩보망^{the Culper Espionage Ring}을 총괄했고, 이 조직은 전쟁을 승리로 이끄는 데 중요한 역할을 했다. 톨마지는 전쟁이 끝나고 약 50년 후 작성한 회고록에서 이 해산 행사에 대한 기억을 아래와 같이 남겼다.

워싱턴 장군의 지시대로 장교들은 12시에 펄스트리트에 위치한 프랜시스 태번에 집결해 장군이 주재하는 마지막 모임을 기다렸다. 모두 모이자 장군이 입장했다. 그는 끓어오르는 감정을 억누르기 어려운 모습이었고 이는 다른 장교들도 마찬가지였다. 작은 숨소리까지 들릴 정도의 무거운 침묵 속에서 다과 시간을 잠시 가진 후, 장군이 와인 잔을 채우고는 장교들을 향해 이렇게 이야기했다. "여러분들에게 무한한 애정과 감사의 마음을 담아 전역을 명합니다. 여러분이 지금까지 명예롭고 영광스러운 삶을 살아온 것과 마찬가지로 앞으로의 인생에서도 성공과 행복이 가득하기를 충심으로 기원합니다."

장교들이 와인 잔을 비우자 워싱턴은 다시 이렇게 말했다. "내가 여러분 자리로 일일이 가기는 좀 어려운데, 괜찮다면 여러분이 내 곁으로 와서 손을 잡아줬으면 하네." 워싱턴 장군에게 가장 가까운 자리에 있던 녹스가 몸을 돌려 눈물 가득한 총사령관의 손을 잡았다. 그리고 두 사람은 아무 말도 하지 않고 끌어안았다. 장내에 있던 다른 모든 장교들도 한 사람씩 총사령관 앞으로 나서서는 감격스러운 마지막 인사를 나눴다. 나는 평생 이러한 슬픔과 눈물의 이별 장면을 본 적이 없고, 앞으로도 보고 싶지 않다.[1]

아무리 위대한 팀이라도 헨리 녹스Henry Knox, 너대니얼 그린Nathanael Greene, 알렉산더 해밀턴Alexander Hamilton 같은 탁월한 인물이 모두 있는 경우는 많지 않다. 조지 워싱턴 같은 훌륭한 리더를 가진 팀도 드물다. 전쟁에서 기병대 장교였던 헨리 리Henry Lee가 워싱턴의 조사弔辭에서 묘사했듯이, 워싱턴은 "전시에도, 평화 시에도, 국민의 가슴속에 가장 먼저 자리한 사람First in war, first in peace, and first in the hearts of his countrymen"이었다.

당시 세계에서 가장 강력한 군대인 영국군을 물리치고 미국이 독립을 쟁취한 것은 대단한 성취였다. 하지만 한 걸음 물러서 생각해보면 그런 업적을 만들어낸 사람들도 결국은 하나의 팀이다. 이 팀은 서로 반목하기도 하고, 치명적인 경험 부족과 무능력을 보이기도 했으며, 전투에서도 이기는 경우보다 지는 경우가 더 많았다.

최종 승리를 거두기 불과 9개월 전만 해도 '뉴버그의 음모the Newburgh Conspiracy'라는 위기를 겪었는데, 이는 프랜시스 태번의 행사 참가자도 포함하여 독립군 장교들 중 적지 않은 인원이 반란 직전까지 갔던 사건이다. 군인 급여를 지급하지 못한 것이 발단이 되었는데, 조지 워싱턴의 재치 있는 연기로 가까스로 무마되었다(공개서한을 낭독하기 전에 안경을 낌으로써 나이가 많은 티를 내어 동정심을 유발했다).

조지 워싱턴의 리더십

극적인 상황을 연출하는 조지 워싱턴의 능력은 용기, 정직함, 자제력 등의 자질과 함께 그를 역사상 가장 위대한 인물로 만들었다. 하지만 처음부터 그런 사람은 아니었다. 프렌치 인디안 전쟁the French and Indian War(북미에서 프랑스와 영국이 패권을 다툰 7년간의 전쟁으로, 여러 북아메리카 인디언 부족들이 영국 또는 프랑스 편에 가담했음-역주)

으로 명성을 얻은 젊은 조지 워싱턴은 결단력이 부족했고 성격도 조급했다. 프랜시스 태번에서 보여준 행동이 어디까지가 진심이고 어디까지가 계산인지 추측해보는 것도 흥미로운 일이다. 일부 역사학자들은 그날 그가 눈물을 흘린 것이 뉴버그에서 한 약속을 대륙회의Continental Congress 때문에 이행하지 못한 자책감 때문이라고 추측하기도 했다.

여러 가지 해석이 가능하다. 평소 감정을 쉽게 드러내지 않았던 조지 워싱턴이었지만 그 순간에는 분명히 깊은 감명을 받았을 수도 있다. 위대한 승리 앞에서 그런 감정을 느끼는 것은 충분히 이해할 만하다.

하지만 워싱턴은 이런 상황에서 종교적 의식과 같은 요소가 필요하다는 것을 알고 있었다. 그는 자신의 눈물이 참석자들에게 충격으로 다가올 것을 알면서도 흐르는 눈물을 닦지 않았다. 거구에도 불구하고 감성적인 녹스(전쟁 전에 도서판매업에 종사하다가 포병 장교로 복무했음)를 바로 옆에 앉힌 것도 우연이 아니다. 자신의 눈물이 녹스 장군의 감정을 자극하리라고 충분히 예상했을 것이다.

이 장면은 역사적인 미술 작품으로도 만들어져 전해지고 있다. 이 그림은 북받치는 감정에 휩싸인 총사령관이 멤버들을 하나씩 불러서 아무 말 없이 손을 잡으며, 나라를 위해 싸워준 공로에 대해 눈물로 감사를 표시하는 모습이다.

이보다 더 완벽한 장면을 연출하기란 불가능하다. 이 상황에서 즉석 연설이나 여러 가지 말을 했다면 오히려 혼란스러워졌을 가능성이 크다. 하지만 총사령관은 상황을 효과적으로 통제했다. 참석자들은 눈물을 흘리면서 한 명씩 나와 끓어오르는 감정을 억누르며 위대한 영웅과 악수를 나누었다. 그런 상황에서 조지 워싱턴은 한 사람 한 사람에 맞춘 개인적인 이야기를 하거나, 각 장교에 대한 자신의 생각을 구체적으로 표현할 필요가 없었다. 이렇게 전체 행사는 질질 끄는 듯한 느낌 없이 감정적 여운을 진하게 남긴 채 마무리되었다.

너무 시니컬한가? 아니다. 그는 천재다. 항상 역사적 평가를 의식했던 워싱턴은 마법의 순간을 연출함으로써 그날 그 방에 있던 사람들이 원하고 또 필요로 했던 것을 제공했고, 그 순간은 역사에 기록되어 지금까지 전해진다. 그가 한 말은 두 문장에 불과하고, 그것도 특별히 기억에 남는 말도 아니었다. 하지만 악수를 나눈 사람들의 뺨을 타고 흐른 눈물은 진심에서 우러난 것이었다. 사람들의 기억에 남는 모든 위대한 리더가 그랬듯이, 워싱턴은 주어진 역할을 하면서도 자신의 인품에 맞게 살았다.

프랜시스 태번에서의 행사는 짧았다. 참석했던 장교들은 감정을 추스르며 워싱턴을 따라 인근 화이트홀 부두로 갔다. 워싱턴은 거기서 장교들과 마지막 작별을 했다. 이 자리에서 어떤 대화가 오고 갔는지에 대한 기록은 전해지지 않는다. 워싱턴은 바지선을 타고 오늘날 저지시티인 곳에 들렀다가 애나폴리스로 이동, 미국 민주주의 역사에서 가장 중요한 사건이라고 할 수 있는 대륙회의에 참석, 직책을 사임하고 집으로 돌아간다. 그가 버지니아 마운트버논에 도착한 것은 바로 크리스마스이브였다.

팀 다이내믹

팀의 작동 원리를 이해하려면 팀 다이내믹team dynamic을 알아야 한다. '팀 스피릿team spirit'도 팀의 작동 원리를 이해하는 데 도움이 되지만, 필자들은 '팀 다이내믹'이 더 적절한 표현이라고 생각한다. 팀 스피릿은 팀을 너무 정적인 개념으로 바라보기 때문이다. 지금까지 언급한 모든 팀은 탄생, 성장, 소멸을 경험하는 다이내믹한 존재다. 팀이 결성되어 모양을 갖추고, 어느 정도 시간이 지나 최고의 생산성을 보인 다음 점차 쇠퇴한다. 팀마다 쇠퇴의 시기는 모두 다르며, 어떤 팀은 쇠퇴에 이를 때까지 팀 목표를 달성하지 못하는 경우도 있다. 물론 반대의 경우도 존재한다.

어쨌든 팀은 결국 소멸한다. 목표를 달성한 팀에게 소멸은 해피엔딩이고 팀원들은 칭찬과 보상을 받은 다음 또 다른 도전을 찾아 떠난다. 때로는 목표를 달성하지 못하고 실패한 채로 팀이 소멸하기도 한다. 더 안 좋은 경우는 잘못된 스킬 조합, 성격 차이, 관리 실패, 잘못되거나 불가능한 목표 등으로 제대로 활동조차 하지도 못하고 공중분해되어 서로를 비난하는 상황이다.

팀의 성공 또는 실패의 이유가 무엇이든 간에(물론 이 책을 읽은 모든 팀이 성공하기를 바란다), 중요한 것은 모든 결과가 어느 한순간에 발생하는 것이 아니라는 사실이다. 따라서 이 책의 마지막 장에서는 팀의 생애주기를 살펴보고 단계별로 긍정적인 결과를 이끌어내는 방법을 살펴보려 한다.

팀 생애주기

모든 팀은 '형성 단계formational phase'로 시작된다. 예상치 못한 상황에서 (거의) 생면부지의 사람들이 만나 친분을 쌓고 주어진 과제를 이해한다. 그리고 나면 팀은 '성립 단계establishment phase'로 접어든다. 이 단계에서는 팀 운영 원칙, 지표, 마일스톤 등을 세우고 일상적인 커뮤니케이션 방식을 결정한다. 팀 조직화가 마무리되고 과제 수행으로 넘어가는 단계가 되면 팀은 '운영화 단계operational phase'로 진입한다.

시간이 어느 정도 지나고 팀이 초기 성과를 달성 혹은 실패하는 단계에서, 팀은 그때까지의 실행 결과를 반영한 조정기를 갖는다. 마일스톤과 마감 시한을 재설정하고, 팀원 간의 성격 차이, 모순 및 스킬의 강약점 등을 재점검하는 것이다. 이것이 '기능 발휘 단계functional phase'다. 이 단계까지 오면 팀 외부 상황에도 변화가 생긴다. 강력한 제품이나 서비스로 무장한 경쟁사가 예기치 않게 나타나기도 하고, 계획했던 마감 시간에 변동이 생기거나, 프로젝트 예산이 조정되거나, 상부의 계획 변경으로 제품 사양이 바뀌는 등 다양한 변화가 일어날 수 있다. 이런 모든 변화는 팀에 스트레스와 혼란으로 다가온다.

하지만 이런 어려움을 극복한 팀에는 큰 보상이 주어진다. 어려움을 극복한 경험 자체가 팀의 새로운 문화로 자리 잡고 전체 조직에 전설과 같은 이야기로 회자되기 때문이다. 이를 통해 팀은 강한 응집력과, 드러나지 않은 미래 위험에도 과감하게 도전할 수 있는 용기를 갖게 된다. 이게 바로 '문화적 단계cultural phase'다.

물론 새로운 도전은 항상 존재한다. 예를 들어 팀원 일부가 초기 임무를 완수한 후 다른 곳에서 새로운 경력을 쌓기 위해 자발적으로 조직을 떠나거나, 팀원의 능력이 부족하여 강제로 팀에서 내보내는 경우다. 이렇게 떠난 소속 팀원이 경쟁사로 옮길 경우 팀의 안정은 심각한 위협을 받는다. 남아 있는 팀원 간 경쟁이 격화될 수 있고, 팀이 축적한 내부 지식이 경쟁사에 전달되는 결과가 생기기 때문이다. 이런 식의 이직은 불신을 조장하고, 법적 소송으로 엄청난 자원을 낭비하는 결과를 낳는다.

팀원을 강제로 내보내는 경우 앞서 밝힌 위험과 정반대 효과를 가져온다. 팀워크를 해치고 제 역할을 하지 못하는 문제 팀원은 조속히 퇴출해야 한다. 단기적으로는 기존 팀원들이 '다음은 내 차례인가?' 하는 불안감을 느낄 가능성도 있지만, 장기적으로는 이런 결정이 거의 대부분 팀에 도움이 된다.

팀원이 초기에 조직을 떠나는 이유가 무엇이든, 팀은 즉시 대체 인력을 확보하고 훈련해야 한다. 적합한 사람을 뽑아도 팀에 잘 동화시켜야만 결속력과 문화, 성과를 유지할 수 있다. 팀 문화가 건강할수록 새로운 사람이 왔을 때의 생산성 누수가 덜하다. 이 정도 되면 '지속성 단계sustainable phase'에 접어들었다고 할 수 있다.

팀의 생애주기

| 형성 단계 | 성립 단계 | 운영화 단계 | 기능 발휘 단계 | 문화적 단계 |
| 지속성 단계 | 성숙과 통합 단계 | 완성 단계 | 종료 단계 | 사후 단계 |

앞서 언급된 여러 가지 도전과 장애를 극복하여 목표 달성에 이르렀다면, 팀은 이제 '성숙과 통합 단계maturation and consolidation phase'로 진입한다. 이 단계의 도전은 너무 성급하게 단계별 과제를 완성하려는 조급증을 경계하고 적절한 페이스를 유지하면서 전체 프로젝트를 성공적으로 마무리하는 것이다. 이것이 말처럼 쉽지 않은 것은 프로젝트를 조기에 종료하라는 압박이 여러 방향에서 가해지기 때문이다. 회사 차원에서는 한시라도 빨리 프로젝트 결과를 실행에 옮기고 싶어 하고, 경쟁사들은 팀원을 빼앗아가려고 군침을 흘리고 있으며, 팀원들도 업무를 빨리 마무리하고 새로운 일을 찾아 떠나고 싶어 할 수 있다. 팀 리더도 고된 프로젝트를 빨리 끝내고 싶어 하는 것은 마찬가지다. 이런 압력은 프로젝트 종료 시점이 가까워올수록 더 커지며, 완벽한 종료를 방해하는 요인으로 작용한다.

약한 팀은 그 전에 분해되거나 내파内破되지만 강한 팀은 프로젝트를 잘 마무리하고 '완성 단계completion phase'에 진입한다. 솔루션 개발, 프로토타입 제작, 테스트까지 거친 상태에서 남은 과제는 프로젝트 수행 결과를 정리하는 것이다. 이 단계에는 시제품이나 최종 제품 제작, 사용자 매뉴얼 작성, 결과 프레젠테이션, 특허 출원, 프로젝트 설비 해체, 팀원 재배치 등의 업무가 포함된다. 최종 결과는 경영진에 보고되며, 스타트업의 경우 투자자에게 보고되기도 한다. 여기까지 진행되면 일반적으로 결과물을 상업화하는 일은 운영을 전담하는 조직으로 이관되거나, 대규모 생산을 위해서 역공정 reverse engineering 단계를 거친다. 최근 들어서는 제품과 서비스가 프로토타입 단계에서 대중에 공개되는 경우가 많아지므로, 사용자가 일정 수준에 이르거나 제품과 서비스를 다른 회사에 매각할 때까지 팀을 유지하는 경우도 있다. 실제 구글의 검색 엔진은 공식적으로 10년 이상 베타 버전 상태였다.

모든 결과물이 패키지화되어 이관 또는 매각되면 팀은 '종료 단계end phase'에 이른다. 성공적인 팀은 두 가지 방법으로 종료된다. 영구 종료는 해산하는 것이고, 전환 종료는 기존 프로젝트를 끝내고 새로운 프로젝트를 꾸려 새 출발을 하는 것이다. 어떤 경우든 최고의 성과를 낸 팀은 지금까지의 업적을 기념하고 공식적으로 팀 해산을 선언하게 된다.

팀 해산 이후의 (사실상 종료 시점이 없는) 기간은 '사후 단계aftermath phase'라 할 수 있다. 이 기간은 수개월 또는 수년이 걸리기도 한다. 팀 성과가 미미하다면 그렇지 않겠지만, 기억에 남을 만한 성과를 낸 팀은 많은 사람이 관심을 갖는다. 그리고 사람들은 그 팀의 업적을 생각할 때마다 팀 구성원들을 떠올릴 것이다.

팀 형성 단계

실패하는 팀을 살펴보면 첫 단추부터 잘못 끼워진 경우가 많다. 책의 앞부분에서 이미 여러 번 검토한 바와 같이, 지난 15년간 팀

다이내믹 관련 분야에서 엄청난 양의 연구가 진행되었다. 팀원을 어떻게 구성해야 하고, 운영 방식은 어때야 하고, 어떤 팀원을 뽑아야 하고, 팀원 간 상호 작용은 단계별로 어때야 하는지 등에 대한 연구가 이루어졌다. 하지만 불행히도 이런 연구 결과를 조직에 체계적으로 적용하려는 노력은 부족하다. 팀을 형성하는 단계에서 리더가 참고하면 좋을 만한 네 가지 포인트가 있다.

- <u>다양성을 고려하라.</u> 다양성은 단순히 인종이나 성별과 같은 표면적 차이를 고려하는 데 그쳐서는 안 된다. 문화적 배경, 개인이 갖는 경험의 조합, 스킬의 상호 보완성, 사고방식의 특성 등이 훨씬 중요하다. 팀원들의 문화적 응집력을 충분히 확보할 수 있다는 전제에서, 이런 여러 가지 개인적 특성의 다양성이 확대되어야 성공 가능성이 높아진다.

- <u>지리적 근접성을 고려하라.</u> 팀원 간 물리적 거리가 가까울수록 팀워크 형성이 쉽다. 가상 팀이 보편화된 시대라고 해서 크게 다르지 않다. 팀원들을 물리적으로 한 공간에 모아서 일하게 하는 것이 불가능하다면 이를 대체할 커뮤니케이션 플랫폼을 갖추어야 한다.

- <u>팀의 적정 규모를 결정하라.</u> 팀 규모가 크다고 성과가 그만큼 좋아지는 것은 아니다. 오히려 필요 이상으로 팀이 커질 경우 역효과가 난다. 해당 과제를 수행하는 데 필요한 최소한의 인원으로 시작하는 것이 좋다. 필요에 따라 적절히 충원하되, 팀원이 너무 많아지지 않도록 유의한다.

- <u>효율과 생산성을 고려한 위계 구조를 만들어라.</u> 조직 위계에 따른 관리는 효율성

을 증가시키지만 생산성에는 도움이 되지 않는다. 팀 내 관리자를 최소화하고 조직 단계를 최소한으로 구성하는 것이 좋다. 최고의 팀은 관리자가 거의 없고 수평적 구조를 갖는다. 가능하면 팀 내에서 직책명을 쓰지 않는 것도 좋은 방법이다.

이 외에도 중요한 것을 꼽는다면, 기존 팀원이 팀에 아는 사람이나 친구를 끌어들이지 못하게 하는 것이다. 지인 위주로 팀을 구성하다 보면 다양성이 떨어질 수밖에 없다.

또한 팀 리더로는 최근에 훌륭한 팀워크로 프로젝트를 성공시킨 경험이 있는 사람을 선발해야 한다. 아니면 이미 리더십이 검증된 사람으로, 최근에 '성공적 실패'를 경험한 사람도 나쁘지 않다. 그리고 팀 리더 혼자서 팀원 전원을 선발하게 하는 것은 좋지 않다. 천재적인 팀을 만드는 데 필요한 다양성을 해칠 위험이 있기 때문이다.

팀의 2인자 역시 가능하면 성공적인 팀에서 일한 경험이 있는 사람으로 뽑는 것이 좋다. 팀 업무에 관한 전문가가 아니라도 팀 업무를 효과적으로 처리할 수 있는 사람을 포함하는 것도 중요하다. 이 사람은 팀 내 다양한 업무를 기록하면서 팀의 기억을 저장하는 역할을 하며, 팀원 간의 상호 작용을 촉진하고, 비공식적으로 팀을 대표하는 일을 수행할 수 있다. 주요 단계별 고려 사항은 다음과 같다.

팀 성립 단계

팀 성립 단계의 핵심은 신성한 의례를 만드는 일이다. 그 중요성은 이미 오랜 인류 역사를 통해 검증되었다.

학교, 군대, 교회, 정부 위원회, 스포츠 행사, 재판, 국회 등에서 공식 행사에 앞서 국기게양식, 국기에 대한 맹세, 서약, 기도 등의 의례를 실시하는 데는 다 이유가 있다. 이런 의례는 일상과 중요한 행사를 명확히 구분하는 기준점으로, 참가자들을 정서·심리적으로 몰입하게 만든다.

물론 시간이 지나면서 팀원들은 이런 의례에 싫증을 느끼고 대충임하기도 한다. 하지만 이런 의례를 처음 접했을 때를 기억해보라. 아니면 다른 문화권의 조직에서 처음 경험했던 의례를 떠올려보라. 그 느낌은 전혀 다르다. 뭔가 낯설고, 자기도 모르게 신경이 곤두서고, 바짝 긴장할 수 있다. 모임의 일원이라면 의례를 통해 소속감을 느낄 수 있다. 이런 감정이 생기지 않는 사람들은 대부분 아웃사이더다.

이를 사소한 것으로 치부할 수 없다. 사회적 존재로서 인간 본성에 깊숙이 자리 잡고 있기 때문이다. 의례는 무리의 일원이라는 존재의 의미를 부여받는 것과 같다. 개인이 아니라 더 큰 대의를 추구하는 무리에 속하게 되었다는 의미이기도 하다. 의례를 통해 팀원들은 신뢰를 바탕으로 교류할 수 있다. 그리고 팀에 속함으로써, 이방인들에게 둘러싸였다는 고독과 불안에서 벗어날 수 있다. 팀 성립 단계에서 치르는 의례는 팀 내부와 외부를 명확하게 나누는 기준점이 되고, 팀 형성 이후에도 축소된 형식으로 반복된다.

쉽게 말해 팀은 공식적인 해산 의례 못지않게 결성을 위한 의례가 필요하다는 말이다. 의례를 거침으로써 팀 과업이 공식적으로 시작됨을 알리고, 팀 고유의 문화를 형성할 수 있으며, 이후 지속적인 커뮤니케이션을 위한 메커니즘을 갖게 된다.

의례가 꼭 복잡한 형식을 갖출 필요는 없다(때로는 좀 복잡하게 하는 것도 나쁘지 않다). 만약 단둘이 비교적 짧은 기간만 함께 일하는 팀이라면, 간단히 점심을 함께하거나 맥주를 한잔하며 서로를 이해하는 시간으로 의례를 대신할 수도 있다. 이런 자리에서 서로가 지금까지 어떻게 살아왔고 앞으로의 희망은 무엇이며 프로젝트 범위는 어디까지인지 이야기를 나누고 이메일과 전화번호를 교환하고, 공동 작업 일정 및 미팅 장소 등을 합의할 수 있다.

이와 반대로 상당히 복잡하고 격식을 차린 의례도 있다. 신입생 오리엔테이션, 대학 동아리 입회식, 스카우트 입단식, 리틀리그 개막식, 신병훈련소 입소식, 전문직 협회 가입 행사 등이 그렇다. 이런 의례는 고도로 정례화된 형태를 띤다. 그뿐 아니라 오랜 기간(짧게는 몇 년, 길게는 100년 이상)의 경험이 축적되어, 외부인은 이해하기 어려울 정도로 기괴하거나 공포를 자아내는 경우도 있는데, 이는 기존 및 신규 구성원들의 마음속에 동질감을 뿌리 깊게 각인시키려는 의도다. 군대에서 지옥 같은 신병훈련소 기간을 거치게 하는 것은 신참이 민간인으로서 가졌던 각종 편견과 좋지 못한 태도들을 말끔히 씻어냄으로써 이후 군 생활에 필요한 백지 상태의 행동 기반을 만들기 위한 것이다.

기업의 팀 의례는 매우 간단하거나 매우 복잡한 양극단의 어디쯤에 속한다. 복잡도와는 관계없이 의례가 공통적으로 달성하려는 목표는 다음과 같다.

- **공식 시작일을 확정한다.** 공식적인 시작일과 시간을 명확히 하지 않으면, 일부 팀원은 튀어보려고 남들보다 먼저 서두르거나 반대로 뒤늦게 나타나거나 할 수 있다. 공식 시작일과 시간을 명확히 하면 모든 팀원의 행동이 통일되며 '우리는 함께 시작하고, 함께 일하고, 함께 끝낼 것'이라는 메시지를 준다.

- **구성원 사이의 관계를 설정한다.** 팀의 성공은 팀원 간 의사소통 장벽을 없애는 데 달려 있다. 팀이 만들어진 첫날부터 이것을 확실히 해야 한다. 명찰을 달고, 자기소개를 하고, 전화번호와 이메일 등을 교환하고, 조별 게임이나 브레인스토밍 등을 하는 것은 공감대와 친밀감을 형성하기 위해서다. 이런 절차를 생략하기도 하는데, 구성원 간 상호 관계를 일찍 확립함으로써 얻는 장기적 혜택을 과소평가해서는 안 된다.

- **행동원칙을 정한다.** 가능하면 일찍, 그리고 명확하게 행동원칙을 만들어야 한다. 초반에 행동원칙을 명확히 하고 리더를 포함한 모두가 이를 지키게 하여 민주적이고 자발적인 분위기를 조성해야 한다. 행동원칙을 공유하고 이를 준수한다고 믿게 만들어야 하며, 특별 대우는 허용되지 않음을 알려야 한다. 최대한 단순한

내용으로 만들어 서면과 구두로 공표한 후 모두에게 배포하라.

- **팀 문화의 기초를 만든다.** 팀의 조직문화는 킥오프를 하는 순간부터 형성된다. 킥오프 모임이 끝나는 순간, 구성원은 이 팀이 앞으로 어떻게 될지 본능적으로 느낀다. 다른 팀원에 대한 판단도 어느 정도 이루어진다. 팀 리더는 이런 인식을 면밀히 파악할 필요가 있다. 효과적인 팀이 킥오프 직후 팀원을 인터뷰하는 이유도 여기에 있다. 인터뷰의 목적은 각 구성원의 스킬이나 기여 방식 등을 파악하는 것이지만, 서로에 대한 인상이나 기대를 파악하는 효과도 있다. 킥오프 인터뷰나 미팅은 매우 신중하게 설계하여 진행해야 한다. 앞으로 형성될 팀 문화에 큰 영향을 미치기 때문이다.

- **바람직한 태도의 기준을 세운다.** 타고난 리더는 팀 분위기와 팀원의 자세를 카리스마 있게 이끌어간다. 자신만의 리더십 스타일과 캐릭터를 부각하여 팀원들에게 행동 방향을 제시하는 것이 좋다. 예를 들어 유연한 스타일, 까다로운 스타일, 장난스러운 성격, 진중한 성격, 큰 그림을 보는 성향, 꼼꼼한 성향 등을 보여주는 것이다. 자신의 리더십 스타일을 제대로 보여주지 못할 경우, 목소리 큰 사람이 팀 분위기를 이끌게 된다. 이런 팀에서는 성격이 강한 팀원 소수가 팀 전체를 휘두른다. 심한 경우, 일부 리더는 자신의 부정적 감정이나 기분 때문에 팀에 부정적 영향을 끼치기도 한다. 리더는 팀의 성격이 형성되는 이 단계를 어떻게 관리할 것인지 구체적으로 계획하고 실행해야 한다. 이 계획에는 첫 만남을 포함하여 전체 프로젝트 기간에 사용할 각종 의례를 정하고, 드레스 코드나 프레젠테이션 원칙 등에 대한 교육도 정할 수 있다.

- **의사소통 방식을 합의한다.** 건강하게 자주 소통하면 업무를 둘러싼 구성원 간 이

해가 일치되고, 팀이 변화에 빠르게 적응하며 어려움과 장애를 극복할 수 있다. 위대한 리더는 이를 잘 알고 있다. 의사소통 원칙을 첫 모임에서 밝히고 적용해야 지키기 쉽다. 원칙은 면대면 미팅, 가상 미팅, 시간대를 달리하는 소통 방식 등과 관계없이 모두 적용될 수 있어야 한다. 지역적으로 떨어져 있고 일하는 시간대가 다른 팀이라면 명확한 소통의 원칙을 준수하는 것이 더욱 중요하다. 소통은 명확 하면서도 유연해야 한다. 이를 위해 내부 미팅은 최대한 짧게, 목적에 집중해서, 약속된 시간 안에 끝내야 한다.

팀 운영화 단계

겉보기에도 문제가 있음을 쉽게 알 수 있는 팀이 있고, 겉으로는 멀쩡해 보이지만 실제로 문제를 숨기고 있는 팀이 있다.

전자는 그저 팀이 해체되지 않고 주어진 업무를 처리하게 하는 데만 모든 시간과 에너지를 쏟는다. 이런 팀은 실패할 수밖에 없다. 따라서 앞서 제안한 대로 최대한 빨리 해체하는 것이 상책이다. 이런 팀이 자발적으로 내부 문제를 해결하는 경우는 아주 드물다. 혹시 기적이 일어나서 내부 문제를 해결하더라도 이미 프로젝트 시한이 한참 지난 후일 경우가 대부분이다.

후자는 식별하기 어렵다. 결국 실패한 팀을 관찰해서, 정말 최선의 노력에도 불구하고 실패한 것인지 살펴보는 방법이 최선이다. 실패 이유는 팀을 만들고 팀워크를 구축하는 데 너무 많은 시간을 쏟느라 프로젝트 수행에 집중하지 못한 경우이거나, 겉으로만 일하는 척하고 실제로는 제대로 일하지 않은 경우다. 경영진은 이 팀이 일을 아주 잘하고 있는 것처럼 깜빡 속아 팀워크가 훌륭하다고 착각하기도 한다.

이렇게 완전한 실패를 경험하지 않으려면 겉으로 팀워크가 좋아 보이는 것에 만족할 것이 아니라 경영진이 해당 팀에 언제까지 명확한 마일스톤을 달성하라고 요구할 필요가 있다(그러지 않으면 추후 당황스러운 결과에 맞닥뜨리고 경쟁에 한참 뒤처지는 상황에 처할 수 있다). 팀 리더는 전체 팀원과 마일스톤에 대해 자주 소통해야 한다(훌륭한 리더는 당연히 그렇게 한다).

팀이 정상적으로 돌아가고 생산성이 오르면 나중에 요구 수준을 낮추는 것도 나쁘지 않다. 하지만 초기 마일스톤 달성에 실패한다면 팀 해체를 고려하는 것이 바람직하다. 해체하지 않는다면 최소한 원래보다 더 엄격하고 명확한 마일스톤을 제시하라. 기회를 주었는데도 실패한다면, 팀원들이 아무리 좋아하는 리더라 할지라도 교체하라. 불합리한 목표를 주어서는 안 되겠지만 변명을 허용해서도 안 된다.

대부분의 팀은 성장통을 겪는다. 이런 과정에서 자기기만을 방치하거나 옹호해서는 안 된다. 경영진의 책임은 맑은 정신을 유지하며 약간은 무자비한 어른 역할을 하는 것이다. 처음에 일을 제대로 하지 못한 팀이 나중에 잘하게 되는 경우는 드물다.

팀 문화적 단계

HP의 전설적인 창업자 빌 휴렛은 반세기 전 어느 날, 볼일이 있어서 회사에 들렀다. 그런데 놀랍게도 많은 엔지니어가 삼삼오오 모여서는 아무것도 하지 않고 빈둥거리고 있었다. 왜 아무 일도 안 하는지 물었더니 직원들은 '업무에 필요한 장비가 모두 창고에 있는데, 창고 열쇠를 가진 관리자가 아직 출근 전'이라고 대답했다.

휴렛은 회사를 뒤져 강력 절단기를 찾아냈고, 창고 문을 굳게 잠그고 있는 자물쇠를 잘라버렸다. 그리고 놀란 엔지니어들을 모아놓고 선언했다.

"앞으로 HP에서는 어떤 창고에도 자물쇠를 채우지 말아야 하며, 그렇게 하려고 시도하는 사람은 그 자리에서 해고될 것입니다."

한 엔지니어가 '자물쇠를 채운 것은 직원들이 회사 장비를 무단으로 집에 가져가 사용하는 것을 방지하기 위해서'라고 이야기하자, 휴렛은 "그건 내가 알 바 아닙니다. 그 직원이 집에서 뭔가 대단한 것을 만들려고 한 것일 수도 있습니다. 나는 직원들이 장비를 쓰고 제자리에 돌려놓을 것이라고 믿습니다"라고 말했다.

창고 자물쇠 하나 자른 것 자체는 대수로운 일이 아니지만 이 일은 HP의 조직문화를 통째로 바꿔놓을 정도로 큰 반향을 일으켰고, 그 영향이 오늘날까지도 이어지고 있다. 이 이야기는 회사 내에 빠르게 퍼졌고, 나중에 HP Way로 알려진 경영 철학의 중요한 예시가 되었다. HP 경영 철학은 직원에 대한 철저한 신뢰를 기반으로 한다. 직원이라면 누구나 목표 달성을 위해 최선의 방법을 스스로 찾을 것이라고 믿는 것이다.

HP Way는 지금까지 만들어진 기업문화 가운데 가장 잘 알려졌고 높게 평가받는다. HP는 이런 기업문화에 기반하여 다양한 혁신, 즉 유연 시간 근무제, 스톡옵션, 이익 공유제 등을 이뤄냈고, 전 세계 많은 기업이 이를 벤치마킹했다.

일터에서 떠도는 다양한 이야기에는 강력한 힘이 있다. 위대한 팀에는 반드시 위대한 이야기가 따라붙는다. 이야기는 팀 성격을 잘 보여주는 실수담이나 해프닝을 포함하고 있고, 직원의 자부심과 사기를 북돋거나 그 조직만이 갖는 특징을 잘 전달하기도 한다.

물론 문제 팀에도 이야기는 넘친다. 하지만 다른 사람의 결점이나 실패담이 대부분이고, 분노와 경멸이 섞여 있다. 사실 팀원이 자기 조직에 대해 하는 이야기를 들어보면 팀 문화가 건강한지를 금방 알 수 있다.

건강한 문화를 가진 기업이나 팀의 구성원들은 대개 조직의 주요 터닝포인트나 드라마틱한 사건들을 기억하면서 자부심, 건강한 유머, 자신감 등의 긍정적 감정과 연관 짓는다. 건강하지 못한 문화를 가진 기업이나 팀의 구성원들은 성공담도 예외 없이 비관적 어조로 이야기하며 성공 자체를 우연 또는 부당하게 얻은 것으로 표현한다.

리더가 제 역할을 하지 못하고 있음을 알려주는 세 가지 징후는 다음과 같다. 이런 경우 리더는 관찰 대상 1호에 올라야 하고, 필요한 경우 교체를 고민해야 한다.

- 조직 내 이야기가 온통 리더에 관한 것이다.
- 이야기가 영향력 있는 사람과의 관계에 집중되어 있다.
- 아무 이야기가 없다.

첫째와 둘째는 리더가 너무 지배적이거나 비열한 사람이기 쉽다. 또는 조직 내 의사소통 경로가 철저하게 수직적이어서 리더가 모든 회의를 독점하고 홀로 의사결정을 하며 부서 간 수평적 의사소통이 부족한 경우 그렇다. 셋째는 최악이다. 어쩌면 이런 조직은 팀이라고 부르기도 어렵다. 다양성이 부족하고 커뮤니케이션도 안 되며 관계 형성도 제대로 되어 있지 않은 여러 개인을 모아놓은 것에 지나지 않다.

스토리텔링을 이용해 문화를 만드는 것이 언뜻 덧없는 이야기로 들릴 수 있다. 문화를 만들 수 없는 것으로 생각하는 사람도 있지만, 그렇지 않다. 사람들은 이야기를 좋아한다. 이야기를 퍼 나르는 것도 좋아한다. 그런 의미에서 팀 리더에게는 세 가지 책무가 있다.

- 팀 구성원이 부담 없이 이야기할 수 있는 분위기를 조성하고, 가급적 그렇게 하도록 격려한다.
- 건전한 조직문화 형성과 생산성 증대에 도움이 되는 이야기를 잘 선별하여 반복

적으로 회자될 수 있게 만든다.

- 이야기들을 주기적으로 공유할 수 있는 기회를 갖는다. 특히 새로운 팀원이 들어

    왔을 때 더 중요하다.

유능한 세일즈 리더는 일찍이 이런 진리를 알고 있었다. 영업 부서야말로 오래전부터 스토리텔러들의 본거지였기 때문이다. 그래서 고급 휴양지에서 열리는 세일즈 컨퍼런스에서는 교육이나 세미나보다 참가자들이 자유롭게 이야기하고 교류하는 시간을 더 많이 갖게 한다. 낮 시간에 열리는 공식 세션보다는 저녁에 리조트 바에서 참가자들끼리 있을 때 훨씬 영양가 있는 대화가 오간다. 모든 리더는 이런 사례를 통해 배운다.

팀 지속성 단계

팀을 운영하다 보면 팀원들이 떠나는 경우가 있다. 고통스럽지만 불가피한 일이다. 팀을 떠나는 사람은 팀에 크게 공헌한 경우가 많기 때문이다. 물론 팀에 대한 불만이나 개인 사정으로 떠나는 사람도 있다. 이유야 무엇이든, 구성원이 팀을 떠나는 경우에는 다음 두 가지를 챙겨야 한다.

- <u>떠나는 팀원을 위한 환송식:</u> 잘되어서 팀을 떠나는 경우인지, 그 사람이 떠나서

    오히려 팀에 도움이 되는 경우인지에 관계없이 환송식을 잊어서는 안 된다. 형식

은 아무래도 상관없다. 팀원들이 모인 공식 미팅에서 팀원이 떠나게 되었음을 알리고 앞으로의 성공을 기원한다. 팀에 오래 있었고 팀원들에게 사랑받은 사람이었다면 저녁 식사와 함께 적절한 선물을 준비하는 것도 좋다. 환송식은 떠나는 팀원의 공헌을 인정하는 절차다. 환송식을 통해 다른 팀원들은 나중에 자신이 떠나게 될 때를 예상한다. 환송식을 기점으로 팀에 대한 소속과 책임이 종료된다는 것을 알리는 효과도 있다. 환송식 없이 팀원이 조용히 짐을 싸서 떠나게 해서는 안 된다. 그러면 팀원의 업무가 공식적으로 마무리되지 않고, 남은 팀원들은 그 사람이 왜 떠난 건지, 혹시 나중에 다시 돌아올지를 궁금해한다.

- 교체 인력을 위한 환영식: 앞서 언급했듯 새로운 팀원을 빠르게 정착시키는 것이 중요하다. 신입 팀원이 조직문화에 잘 동화하도록 돕고, 앞으로 일하면서 어떤 식으로 사람들과 커뮤니케이션하는지 최대한 빨리 알려주어야 한다. 어떤 조직에 처음 출근했을 때 아무도 신경 써주지 않아 마음이 불편했던 경험을 누구나 갖고 있다. 전혀 모르는 사람 집을 방문했거나 또는 늦은 시간에 파티에 도착하여 어리둥절해하는 상황과 비슷하다. 어색하고 불편한 기분이 커질수록 새로운 팀에 적응하기 어렵다. 신입 팀원이 아웃사이더라고 느끼는 시간이 길어질수록 팀의 생산성과 다양성은 떨어지고 그의 지적 자산을 활용하는 데까지 소요 시간이 길어진다. 새로운 팀원을 최대한 빨리 팀에 동화시키는 목표를 가져라. 다양한 방식이 있다. 출근 당일에 신입 팀원의 합류를 공지하기, 팀 회의를 소집하여 대면 소개하기, 단순하게 약력만 소개할 것이 아니라 자신을 어필할 수 있는 일화를 소개할 수 있게 하기, 기존 팀원들을 신입 팀원에게 소개하기, 멘토 정해주기, 팀 커뮤니케이션 도구를 활용하여 1대1 교육하기 등이 있다.

팀 성숙과 통합 단계

사람들은 조직이 성숙 단계에 접어드는 것을 두려워하기도 한다. 조직 구성 초기에 있었던 혁신적 아이디어와 사업가적 열정이 식을 수 있고, 무서운 속도로 쫓아오는 경쟁 기업 앞에서 공룡과 같은 관료적 조직으로 변할 수 있기 때문이다.

하지만 이는 성숙해졌다는 증거다. 비로소 팀이 다양한 업무 요소들을 유기적으로 통합하여 최종 목표에 매진하는 상태가 되었음을 의미한다. 이 단계를 잘 관리해야 프로젝트를 성공적으로 마무리할 수 있다.

팀 구성원 각각에게는 맡은 바 임무가 있다. 대부분 팀 구성 초기에 프로젝트의 성격, 요구되는 역량, 마감 기일, 업무 범위 등을 고려하여 팀원들에게 업무를 분배한다. 정글에서 작전을 수행하는 육군 수색대를 상상해보자. 수색팀은 임의의 병사 12명으로 구성된 것이 아니다. 전략과 이동 경로를 책임지는 지휘관 한 명, 하급 병사들을 통솔하는 하사관 두 명, 통신병 한 명, 전방 경계 한 명, 중화기 담당 두 명 등 모든 구성원이 각각 다른 역할을 맡는다.

신문사나 방송국의 뉴스룸도 좋은 사례다. 조간 신문이나 저녁 뉴스를 위한 뉴스룸 근무자가 150명이라고 가정하자. 그중 3분의 1 정도는 실제 리포터로 일한다. 각기 다른 기사를 작성하는 리포터는 자료 수집, 취재원 인터뷰, 기사 송고를 한다. 다른 3분의 1은 리포터를 지원한다. 시각 효과, 비서, 조판, 인턴, 보조원 등이 그들이다. 역할이 크게 드러나지는 않지만 이들이 없다면 리포터들이 원활하게 기사를 쓸 수 없다. 나머지 3분의 1은 편집 직원이다. 신문사에서는 이 팀에 카피라이터, 부서별(스포츠, 비즈니스, 생활 등) 편집 담당, 뉴스 에디터, 특별 기사 에디터, 도시면 에디터, 전국 기사 에디터, 국제 기사 에디터, 편집 주간, 편집 담당 임원, 편집국장이 포함된다. 구체적 업무는 다소 다를 수 있지만 방송국 뉴스룸 편집국도 거의 비슷한 체제로 되어 있다.

리포터는 대개 혼자 또는 2인 1조로 일하면서 담당 데스크에 보고한다. 지원 부서는 대부분 팀 형태로 조직되어 있다. 편집기자는 사실상 큰 팀 하나에 작은 팀 여럿이 포함된 조직에서 일한다. 편집 조직에서는 카피에디터 팀이 가장 크다. 신문사에서는 '슬롯slot'이라고 하는 원탁에 둘러앉아 광고 판매 현황에 따라 인쇄가 결정된 기사들을 채워 넣는다.

좀 멀리 떨어져서 뉴스룸을 바라보면 여러 사람이 모여 부산하게 일하는 이 조직 전체가 하나의 큰 팀으로 보인다. 하지만 이 팀 안에는 열 개도 넘는 하위 팀이 있으며 각각 다른 과제를 완수하기 위해 서로 다른 시간대에 여러 곳에서 바쁘게 움직인다.

리포터는 일찌감치 출근하여 뉴스거리를 찾아나선다. 뉴스거리를 찾기는 그날 지면을 어떻게 채워야 할지 고민해야 하는 시니어 에디터도 마찬가지다. 편집부장도 비교적 일찍 나와 누구에게 어떤 기사를 맡길지 결정하고 그날 신문의 초판을 검토한다. 뉴스룸의 다른 직원들(지원 부서 직원 및 카피에디터)은 출근이 늦다. 리포터들이 송고한 기사가 뉴스룸에 전달되기 전에는 별로 할 일이 없기 때문이다.

정오가 지날 때면 뉴스룸이 붐비기 시작한다. 아직 외근에서 돌아오지 않은 리포터들을 제외하면 빈자리가 거의 없다. 기사 작성 작업이 이때부터 본격적으로 이루어져 담당 부서에 취합된다. 기사 초고가 준비되면 카피에디터들이 위에서 언급한 '슬롯'에 둘러앉아 부서별로 작성된 기사와 특파원들이 보내온 기사, 외부 에이전시에서 제공한 기사들을 모두 펼쳐놓고 여기저기 잘라 붙이면서 신문의 판을 짜기 시작한다.

오후 느즈막이 신문의 최종 편집안을 검토해서 어떤 기사를 어느 위치에 실을지 결정한다. 카피에디터들은 놀라운 창의력을 발휘하여 각각의 기사 제목을 뽑는다(방송국에서는 카피와 타이틀을 준비한다). 한편 리포터 대부분은 이때쯤이면 책상 정리를 하고 퇴근 준비를 한다. 특히 속보성 기사를 담당하는 리포터들은 더 일찍 퇴근한다. 뉴스룸의 절반 정도는 빈자리가 된다. 같은 시각 슬롯, 그래픽, 몇몇 특집 담당 직원들은 바쁘게 일한다.

이 시간을 넘기면 신문사 업무는 야간 근무조로 넘어간다. 갑자기 터지는 사건사고 뉴스에 대응하기 위한 당직 기자들은 자정까지 일한다. 사건이 발생하면 그다음 날 조간이 나올 때까지 일하는 경우도 있다. 방송국에서는 이런 성격의 업무를 담당하는 직원을 '온

에어' 팀이라고 하는데, 이들은 오후 늦게 출근해서 스튜디오 스태프들과 함께 저녁 방송을 준비한다. 일부 직원은 심야 뉴스까지 맡아서 하고, 다른 직원들은 심야조에 일을 맡기고 퇴근한다. 심야 방송 시간에 스튜디오와 제어실은 부산하지만 뉴스룸에는 불이 꺼져 있고 사람도 없다.

수많은 작은 팀이 독립적으로 일하지만, 세심한 조율을 통해 훌륭한 결과물을 내놓는다. 이런 형태의 협업이 '매일' 뉴스룸에서 벌어진다. 신문사가 만드는 최종 결과물, 즉 신문 콘텐츠는 웬만한 책 한 권 분량이 되는데, 매일 다른 내용으로 24시간에 한 부씩 만든다. 방송국에서는 수십 가지 기사로 구성된 반시간짜리 다큐멘터리 분량의 뉴스가 하루에도 몇 번씩 만들어진다.

지금까지 보여준 뉴스룸의 일상은 '통합 단계'를 흥미진진하고 생생하게 묘사한 것이다. 이런 일은 탄탄한 인프라가 뒷받침되지 않으면 불가능하다. 명확하게 짜인 커뮤니케이션 통로도 중요하다. 마감 준수, 문법과 편집 기준, 취재 윤리, 과거 관행 및 전례에 대한 이해 등 기본적인 행동원칙, 또 이를 능수능란하게 적용할 수 있는 잘 훈련된 인력이 필요하다. 이 때문에 신문사나 방송국의 젊은 리포터들은 지방지나 지역 방송국에서 오랜 기간 (심하면 10년 이상) 고된 훈련을 거쳐 주요 매체에 입성한다.

신문사나 방송국 사례는 다소 극단적일 수 있다. 하지만 이 사례가 유일한 것은 아니다. 신문사나 방송국처럼 고도로 분업화되고 숙련된 팀을 운영하는 조직은 다른 분야에도 많다. 병원 응급실, 특수전 부대, 특정 정부 조직, 경찰, 소방서, 패스트푸드 체인점 등이 그렇다. 전체 팀을 여러 개의 전문화된 하위 팀으로 나누어 신들린 듯한 속도로 일을 처리하면서도 실수를 거의 하지 않고 원하는 최종 결과물 또는 서비스를 정확하게 만들어낸다.

하지만 다른 유형의 팀도 최종 목표를 달성하기 위해서는 어떤 형태로든 통합과 성숙 단계를 거친다는 점에는 변함이 없다. 이는 팀 크기나 존속 기간과도 무관하다. 단 두 사람으로 구성된 팀에서조차 과제를 적절히 나누었다가 어느 정도 완성도가 확보되면 만나서 각자의 작업 결과를 통합하고 여러 차례의 수정과 개선을 거쳐 최종 결과물을 만들기 때문이다.

결과물 통합 작업은 쉽지 않다. 팀원의 자존심이 개입되기도 하고, 초반 업무 범위가 명확하게 정의되지 않았을 경우에는 나중에 각자의 작업 결과가 상당 부분 겹치는 일도 있다. 간혹 수백 시간을 들여 만든 결과물이 빛을 못 보는 상황이 되면 하위 팀 리더들은 폭발하기도 한다.

가장 위험하고 파괴적인 리더는 아이디어맨 한두 명을 과신하고 이들에게 지나친 권한을 주는 사람이다. 이런 팀에서는 결과물 통합 작업이 제대로 이루어지지 않는다. 한 가지 아이디어를 바탕으로 결과물이 거의 완성될 즈음 아이디어맨이 '더 좋은 아이디어'를 내놓고, 팀원이 업무 방향을 바꾸어 처음부터 다시 시작해야 하는 상황이 생기기 때문이다. 새로운 아이디어에 대한 결과물이 완성될 즈음, 그 천재 팀원은 또 다른 새로운 아이디어를 내고, 이런 식으로 무한 반복하다가 결국 팀의 예산과 에너지가 모두 사라진다. 그래서 팀 업무에 대한 진행 상황을 적절하게 조절해야 한다. 필요한 경우 천재 팀원을 배제하고라도 결과물에 대한 최종 통합 작업을 해야 한다. 곤란하겠지만 누군가는 해야 할 일이다.

최종 결과물을 통합하는 단계에서는 팀 리더의 역량이 확실히 검증된다. 최종 결정을 내려야 하고, 일부 팀원이 조금만 더 시간을 달라고 아무리 사정해도 단호하게 결과물을 통합해야 하며, 새로운 아이디어를 내는 것도 차단해야 한다. 함께 일하며 혹시라도 있었던 갈등이나 오해도 풀어야 한다. 모든 팀원이 최종 목표 달성을 위해 합심하게 해야 한다. 리더가 그동안 업무를 정확하게 부여하고 중간 마일스톤을 꾸준히 관리하며 팀원들에게 소속감과 책임감을 부여하는 역할을 제대로 수행했다면, 최종 통합 단계 업무는 큰 마찰 없이 이루어질 수 있다.

결과물 통합 작업은 원만하게 진행될 수도, 그렇지 않을 수도 있다. 어떤 경우라도 성숙과 통합 단계는 반드시 거쳐야 한다. 팀은 이제까지 독립적으로 부분 작업에 집중하던 단계에서 벗어나 잘 짜인 한 팀으로 뭉쳐 업무를 마무리해야 한다.

10

팀의 종료와 해산

누구나 마무리의 중요성을 강조한다. "완전히 끝날 때까지는 끝난 게 아니다", "일의 마지막 20%가 성공의 80%를 좌우한다"라는 말이 이런 배경에서 나왔다. 하지만 복리 이자의 강점을 알고도 그것을 누리는 사람이 적듯, 이 교훈을 제대로 실천하는 사람은 많지 않다. 한 가지 일을 제대로 끝내기도 전에 대충 마무리하고 새로운 일을 찾아나서는 것이 인간의 본성이다. 그러고는 인생의 황혼 녘에서야 이 교훈을 되새기면서 때늦은 후회를 한다. 그동안 제대로 마무리하지 못한 많은 것들을 떠올리면서 말이다.

팀 종료 단계

모든 일은 마무리가 중요하다. 기계 시대에는 프로젝트 팀이 시제품을 만들어서 제대로 작동하는지만 보여주면 충분했다. 다른 사람들이 시제품을 분해하고 역공정을 적용하여 매뉴얼을 만들어 대량 생산을 위한 준비를 했기 때문이다. 하지만 지금은 제품 시장 사이클이 점점 짧아지면서 시제품 이후의 업무까지도 프로젝트 팀이 마무리해야 하는 경우가 많다. 게다가 요즘은 웬만한 마이크로프로세서 하나 디자인하는 것이 한 도시의 빌딩, 도로, 시설물의 도면을 만드는 것만큼이나 복잡하다 보니 개발에 요구되는 서류의 양도 상상을 초월한다. 이런 현실에서 리더는 엄청난 부담을 갖는다. 종료 단계에서는 다음과 같은 사항을 고려해야 한다.

- 과거에는 종료 단계의 업무를 다른 팀 혹은 사람에게 위임하는 경우가 많았지만, 지금은 프로젝트 팀이 직접 마무리한다. 이런 업무에는 많은 양의 서류 작업, 성과지표 확인, 매뉴얼과 교육 자료 작성, 영업·마케팅 도구 개발 등이 있다.

- 종료 단계에서 생기는 추가 업무는 프로젝트 처음부터 업무 범위에 명시적으로 포함해야 한다. 과거에는 프로젝트 목표를 달성하면 마무리 작업에 큰 관심을 두지 않았다. 하지만 지금은 마무리 단계에서 비용과 기간이 늘어나는 경향이 있어, 초기에 이를 반드시 고려하여 반영해야 한다. 필요하다면 마무리 단계에 추가 인력을 배정하는 것도 방법이다. 이럴 경우 추가 인력의 단기 적응 문제도 당연한 고려 사항이다.

- 팀이 추가 업무를 수행할 수 있게 준비한다. 보통 프로젝트 주요 목표가 달성되면 팀원들은 더 이상 일할 마음이 없어진다. 힘든 일은 끝났고 곧 해산될 것이라 생각하기 때문이다. 일이 다 끝난 것이나 다름없다고 생각하는 팀원들에게 아직도

해야 할 일이 남아 있다고 말하는 것처럼 김빠지는 일도 없다. 해결책은 앞서 밝힌 대로 프로젝트 초반부터 이에 대한 기대를 명확히 하는 것이다. 목표 완성 후 수행해야 할 과제 목록을 업무 일정표와 마일스톤에 반영하고 주기적으로 상기시켜야 한다. 이렇게 하면 팀원들도 무의식적으로 업무 종료 시점에 대한 기준점을 다시 설정한다. 축하 파티는 모든 업무가 완전히 끝난 후로 미룬다. 참지 못하고 먼저 파티를 여는 팀원이 있다면 슬쩍 눈감아주되, 공식화하지는 않는다.

프로젝트 팀 리더는 팀 업무 범위가 끝없이 확대되는 것도 경계해야 한다.

팀 핵심 과제가 언제 완수되었는지는 쉽게 판단할 수 있다. 새로운 제품이나 서비스의 최종 테스트 통과 여부를 보면 된다. 문제는 다른 부서의 요청 사항이다. 이런저런 서류 작업, 결과 문서 정리, 개발 도구 정리 등에 대응하다 보면 끝이 없다. 프로젝트 팀이 다 해준다고 하면 다른 조직은 당연히 좋아한다. 팀 리더가 이런 요청 사항을 적정선에서 끊어야 하는데, 이러려면 프로젝트 초반부터 지원 범위를 명확하게 정의해야 한다.

마무리 단계 업무까지 모두 완료되면 업무 종료를 선언하고 자축할 차례다. 축하할 일은 확실하게 축하하라. 사양하거나 점잔을 뺄 필요가 없다. 설정된 목표 중 일부 사소하게 달성되지 않은 것이 있더라도 그동안 프로젝트에 대한 팀원들의 열정과 노고를 아낌없이 칭찬해야 한다. 확실하게 성공한 프로젝트라면 파티를 마다할 이유가 없다. 모든 팀원이 자축의 순간을 생생하게 기억할 수 있도록 만들어라. 팀원들이 자리를 떠나지 않고 밤을 새워 놀더라도 이해하라. 일부 팀원이 술에 취해 울거나 바보 같은 짓을 할 수도 있지만 모른 체하라. 자축 파티에서는 다음 내용이 포함한 메시지를 전달하는 것이 좋다.

- 팀원들의 성과를 언급하라.
- 팀이 처음 만나서 어떻게 알게 되었고 얼마나 가까워졌는지를 이야기하라.
- 어려웠거나 보람된 순간을 회상하라.
- 공개적인 자리에서 모든 팀원의 공헌에 일일이 감사를 표시하라.
- 적당한 순간에 빠져나와라. 리더는 대개 이런 자리를 어떻게 시작할지 계획한다. 현명한 리더는 어떻게 끝내고 빠질지까지 계획한다. 특히 여운이 남는 메시지와 함께 얼른 자리를 비우는 것이 정답이다.

팀 해산과 그 이후

프로젝트가 종료되면 팀의 업적은 어떤 형태로 조직 안에 남게 될까? 이 질문에 대한 답은 팀이 다음 네 가지 유형 중 어디에 속하는지에 따라 다르다.

목표 달성에 실패하고 내부 문제가 많았던 팀

이런 팀은 조직 내에서 의도적으로 잊히고, 팀원들은 지워지지 않는 상처를 받는다. 프로젝트 실패는 회사에 손해를 끼치며 팀원들의 경력에도 오점으로 남는다. 안 좋은 경험은 팀원들의 기억에 남아 이후 다른 업무에도 부정적 영향을 준다. 이 팀을 정비하여 새로운 업무를 부과해도 효과적인 업무 수행은 기대할 수 없다. 팀원들은 대부분 다른 직장을 찾고 있을 것이다. 이런 팀은 리더, 팀원, 목표와 방향 설정, 조직 관리 등 여러 가지 측면에서 실패라고밖에 할 수 없으며, 실패를 예상했으면서도 일찍 해체하지 않은 것 또한 문제다.

이런 팀을 위한 최선의 선택은 실패를 일찍 인정하고 팀을 해산한 후, 실패의 원인을 찾아 같은 실패가 반복되지 않게 하는 것뿐이다.

물론 우수한 팀원이 한두 명 있을 수 있다. 이들의 활용 가치를 제대로 판단해야 한다. 실패한 팀 구성원이었다는 사실을 고려하지 않고, 다른 팀원들과 동일한 잣대로 평가하는 것은 적절치 않다. 이들이 갖고 있는 경험과 팀 내에서의 행동을 검토하라. 인터뷰를 통해 팀원이 프로젝트 기간 중 어떤 일을 어떤 방식으로 수행했는지, 프로젝트에 대해 어떻게 느꼈는지, 경영진을 어떻게 생각하는지 등을 파악하라.

내부에 심각한 문제가 있었지만 목표는 달성한 팀

목표를 달성했으니 된 것 아니냐고 생각할 수 있지만, 이런 경우가 위험할 수 있다. 팀과 성과 둘 다 문제였다면 팀을 해체하고 위험을 최소화하면 된다. 이는 손쉬운 해결책이다. 하지만 이 경우 성공이라는 겉모습 뒤에 많은 문제점을 감추고 있다. 그렇다고 무조건 해체할 수도 없다. 조직 전체의 사기에 큰 영향을 주기 때문이다. 조직 구성원들이 '우리도 혹시 저렇게 되는 것 아닌가?' 하고 걱정할 수 있다.

성공 이면에 숨겨진 진실을 파악하는 것이 중요하다. 성공한 팀 내부에 숨겨진 문제를 파악하는 것은 쉽지 않다. 그러나 반드시 확인해야 한다. 겉으로는 만족스럽게 잘 돌아가는 것처럼 보이는 팀도 예외가 될 수 없다.

필자가 신문사에서 일할 때였다. 당시 편집장은 이렇게 말했다. "퓰리처 상을 받은 녀석은 절대 뽑으면 안 된다니까." 필자는 신문사에서 오래 일하고 나서야 베테랑 선배의 말을 이해할 수 있었다. 때를 잘 만나서, 운 좋게 인재들이 모인 팀에 포함되어서, 선정위원회에 아는 사람이 있어서, 소속 신문사가 상을 탈 차례라서, 전국 또는 글로벌 이벤트로 기사가 떠서 등의 온갖 이유로 상을 타는 사람이 너무 많았던 것이다. 이유야 어쨌든 한번 상을 탄 기자는 연봉 인상에 대한 기대가 높아지고 큰 기삿거리가 아니면 쳐다보지도 않는다는 것이다.

목표를 달성했지만 내부 문제가 있는 팀에도 종류가 있다.

- 내부 갈등은 있었지만 운 좋게 목표를 달성한 경우
- 워낙 우수한 팀원이 많아, 내부 갈등에도 불구하고 최종 목표를 완수한 경우(물론 잠재 역량을 완전히 발휘한 것보다는 성공적이지 못함)
- 최고 인재 몇 명이 대부분의 일을 하고, 나머지 보통 팀원들은 무임승차한 경우
- 사실상 실패나 다름없는데 성공한 것처럼 결과를 잘 포장한 경우

문제 팀이 성과를 낸 것을 위험하게 보는 것은 (위의 4번째 경우를 제외하고) 달성한 성과 때문이 아니라 프로젝트 이후 각 팀원이 보이는 행보 때문이다. 팀 문제가 외부로 알려지지 않으면 프로젝트 팀 출신 팀원들은 성공의 후광으로 승진, 연봉 인상, 명예를 거머쥐고 다른 곳으로 스카우트된다. 이런 사람들은 새로운 팀에서도 조직 분위기를 해치거나 기대에 못 미치는 역량으로 팀에 누를 끼치는 경우가 많다. 이들은 승리자라도 된 것같이 착각하지만 조직 내 다른 사람들(특히 비슷한 직급의 직원들)은 금방 진실을 알게 된다. 그러고는 곧 그 사람의 행동에 염증을 느낀다. 결국 그 사람뿐 아니라 그런 행동을 방치한 리더까지도 경멸한다.

그럼에도 프로젝트 목표를 완수했다는 점에서 조직에 공헌한 것은 맞다. 가장 바람직한 경우는 프로젝트 중간에 팀 내부 문제를 파악하고 이를 교정하는 것이다.

4번째 경우는 건설적이지 못하고 비윤리적일 뿐 아니라 경우에 따라서는 범죄가 될 수도 있으므로 최대한 빨리 찾아내어 징계할

필요가 있다.

조직은 건강하지만 목표 달성에 실패한 경우

이런 팀은 판단하기 어렵다. 실리콘밸리는 실패에 관대하고 심지어 실패에 보상하기도 한다. 벤처캐피털리스트들은 '좋은 실패'를 인정하고 '나쁜 성공'을 솎아내는 안목도 있다. 실제 실리콘밸리 사례를 많이 연구한 필자들이 볼 때, 이론적으로는 좋은 이야기지만 현실적으로는 쉽지 않다. 핵심은 '좋은 실패'의 정의다. 정확한 의미가 무엇이고, 어떤 실패가 좋을 수 있느냐는 것이다.

결론적으로, 좋은 실패는 분명 존재한다. 건강하고 생산적인 팀을 운영하여 모든 마일스톤을 달성했음에도 통제 불가능한 외부 변수 때문에 실패하는 경우도 있다. 그런 변수에는 예상치 못한 신기술 발전, 빠른 시장 변화, 빠르고 강력한 경쟁자 출현, 경기 하락, 회사 경영진의 실책 등이 있다.

하지만 이 대답은 자의적이다. 그리고 더 많은 질문을 부른다. 일을 제대로 했다면 그런 변수에도 적절히 대응했어야 하는 것 아니냐고 반문할 수 있다. 상위 조직의 잘못된 의사결정이 문제였다면 (예를 들어 예산 삭감, 불필요한 간섭, 마지막 순간의 변경 지시 등) 왜 그 시점에서 팀은 필요한 의사결정을 하지 못했는가? '좋은 실패'라면 신중하고 능력 있는 다른 리더가 그 자리, 그 상황에 있었더라도 피하기 어려울 정도의 문제가 있어야 한다.

팀은 건강한데 목표 달성에 실패했을 때는 다음과 같은 질문으로 평가해보는 것이 바람직하다.

- 돌발 변수나 경영진의 무능이 아니었다면 성공했을 만한 타당한 전략을 가지고 있었는가?
- 실패가 예상되는 시기를 포함하여 전체 프로젝트 기간 동안 팀 내 조화는 잘 이루어졌는가?
- 프로젝트에 결정적 문제가 발생했을 때 팀원들이 이를 심각하게 인지했는가, 아니면 무관심했는가?
- 팀은 부정적 환경 요소에 어떻게 대응했는가? 새로운 전략을 고민했는가, 아니면 그냥 포기했는가?
- 어려운 상황에서 리더는 동요 없이 팀을 잘 이끌었는가?
- 상황 대응에 필요한 인력이 적절하게 추가 배치되었는가? 추가된 인력은 기존 팀원들과 잘 융화되었는가?
- 팀 리더가 변화된 상황과 대안을 경영진에게 신속히 설명했는가, 아니면 은폐했는가?
- 팀원들이 실패의 원인을 서로 떠넘기고 있는가?
- 문제가 있을 때 리더는 기존 팀원을 내보내거나 새로운 팀원을 확보하기 위해 노력했는가? 팀원을 아무 후속 조치 없이 내보내지는 않았나?
- 실패가 예상되었을 때, 리더는 팀과 프로젝트 운영 방식을 다르게 해볼 생각을 가졌는가?(이 질문은 팀 리더가 스스로에게 하는 것이다.)

위 질문에 대답하다 보면 자연스럽게 팀이 정말 건강하고 문제 없는 팀이었는지, 그 실패가 정말 '좋은 실패'였는지 판단할 수 있다. 위 질문의 대답이 모두 긍정적이었음에도 정말 어쩔 수 없는 실패였다고 판단되면 리더와 팀원들에 대한 비난의 화살을 거두고 그들을 다른 프로젝트에 배치해야 한다. 가능하다면 그 팀을 해체하지 않고 유지하는 것도 좋은 방법이다. 그렇게 하는 것이 조직 전체의 사기를 높이는 데 바람직하기 때문이다. 새로운 기회를 주는 것이 가장 좋다.

반대로 이 팀이 실제로는 건강한 팀이 아니었다고 판단되면 팀을 해체하고, 그 후의 개별 처리 방식은 앞에서 설명한, 내부 문제가 있는 실패한 팀의 경우를 따른다.

조직도 건강하고 성공적인 결과를 얻은 경우

충분히 축하할 일이다. 그러나 이런 팀을 관리하는 것이 가장 어렵다. 팀 구성원들은 자신의 업적을 정확히 알고 있으며 프로젝트에 대한 만족도도 높다. 자신이 무엇을 잘했고 조직에 얼마나 크게 공헌했는지 잘 알기 때문에 보상에 대한 기대도 크다.

그래서 팀을 유지하기가 더 힘들다. 우선 팀원들의 몸값이 높아져 계속 한 팀으로 쓰기에는 비용이 만만치 않다. 이미 성공적이었던 팀원들은 승진하거나 또 다른 수준 높은 보직을 맡기 쉽다. 그 사람이 새로운 보직에 적합하든 아니든 관계없다. 이런 상황은 특히 팀 리더에게 적용된다. 팀 단위 조직을 성공적으로 이끈 경험이 경영진으로 성장하는 데 필수이기 때문이다. 기업, 연구소, 군대 등 모든 분야에서 그렇다. 이런 팀을 유지하기 어려운 마지막 이유는 팀의 성공 소식을 듣고 다른 부서나 심지어 경쟁사까지 팀원들을 스카우트하려 나선다는 것이다. 일부는 아예 회사를 차려서 나가기도 있다.

이런 팀은 지속될 수도 해체될 수도 있다. 바람직한 팀 동력을 유지하면서 목표를 달성했기 때문에 다음 프로젝트를 함께할 경우 성공 확률이 높기는 하다. 하지만 그런 확률이 보장되는 것은 아니어서, 경우에 따라서는 팀을 해체할 수도 있다. 다만 해체하더라도 짜임새 있고 전략적으로 해야 한다.

전략적으로 한다는 말에는 여러 가지 의미가 있다. 우선 성공을 이끈 팀 리더를 승진시킨다. 그렇게 하는 것이 조직 전체로도 유익하다. 그리고 조직 내 다른 곳에서 관리 역량이 필요한 팀의 새로운 리더로 임명하고 새로운 목표를 추구하게 한다. 잘되면 그 팀이 이루었던 성공을 재현하거나 더 큰 성공을 만들어낼 수 있다. 새로운 팀 리더는 기존 팀의 성공 경험을 충분히 활용한다. 성공한 팀원들을 성공 가능성이 있는 다른 팀에 보내 성공의 촉매 역할을 하게 해도 좋다.

차라리 성공 가능성이 낮은 팀에 보내는 것이 더 좋지 않으냐고 반문할 수도 있다. 하지만 그렇게 하지 않는 데는 두 가지 이유가 있다.

- 확실한 성공에 베팅하기 위해서다. 성공의 기회는 그리 많이 주어지지 않는다. 기회가 있을 때 잡는 게 정답이다. 눈에 보이는 성공을 확실하게 거머쥐는 것이, 실패 위험에 허덕이는 팀을 도와 결승점을 통과하도록 만드는 것보다 우선한다.

- 실패는 실패를 낳고, 성공은 성공을 낳는다. 실패 가능성이 높은 팀에 성공 경험이 있는 팀원을 투입한다고 해서 성공하는 팀으로 쉽게 바뀌지 않는다. 그 팀은 환경 변화에 적응할 능력이 모자라거나, 그 자체로 건강하지 않을 수 있다. 팀원을 바꾼다고 해서 실패가 성공으로 바뀌지 않는다. 어떤 경우라도 문제 팀은 해체하는 것이 상책이고, 조직 내 자원과 시간을 빨아들이는 블랙홀이 되도록 내버려 두어서는 안 된다.

건강한 팀 문화로 높은 성과를 내는 팀을 제대로 관리해야 한다. 그래야만 조직 전반에 고성과 팀을 양산하는 문화가 확산된다. 강한 팀의 DNA를 전파하면 조직 내 다른 팀도 건강하고 성과를 내는 조직으로 변하기 쉽다.

가장 좋은 성공 방법은
위대한 팀을 만드는 것이다

프랜시스 태번에서의 조지 워싱턴 이야기가 230년이 지난 지금
까지도 공감을 불러일으키는 이유는 무엇일까?

첫째, (며칠 후 대륙회의에서 일어난 워싱턴 장군의 공식 은퇴와 더불어) 그
날의 해단식은 서구 문명사의 일대 전환을 가져온 중요한 사건이기
때문이다.

서양 역사에서 전투에 승리한 장군이 칼을 내려놓고 선출된 입법
기관의 결정을 따른 것은 로마 집정관 킨키나투스^{Cincinnatus} 이후
워싱턴이 처음이었다. 프랜시스 태번 해단식과 대륙회의에 참석했
던 고위 관료와 대표들은 이를 잘 알고 있었다. 미국에서 워싱턴 군
대에 패한 영국의 조지 3세조차 이를 전해 듣고는 "만약 그가 정말
그렇게 할 수 있다면 역사에서 가장 위대한 인물이 되겠군"이라고
중얼거렸다고 한다. 실제 워싱턴은 위대한 인물이 되었다.

하지만 이게 전부가 아니다. 프랜시스 태번 행사에 참가했던 장교들(그들 중 다수는 워싱턴이 왕좌에 앉기를 바랐다)에게는 충격적이었던 사건도 지금의 미국인들에게는 별로 와 닿지 않는 과거지사로 생각될 수 있다. 그럼에도 사람들은 역사의 한순간을 지켜보면서 자신도 그런 팀의 일원이 되었으면 하고 바란다. 그것이 두 번째 이유다. 그날의 행사를 그린 그림에 참석자들의 감정이 잘 드러나 있다. 워싱턴은 눈물 흘리는 장교를 끌어안고, 그 장교는 장군의 어깨에 얼굴을 파묻고 있다. 그 주변을 장교 10여 명이 둘러싸고 목례를 하거나 눈물을 훔친다.

인생은 짧다. 위대한 업적을 남기는 사람은 많지 않다. 위대한 업적을 남기는 가장 좋은 방법은 위대한 팀의 일원이 되는 것이다. 두뇌와 열정을 모두 갖춘 천재적인 팀, 역사에 남을 위대한 과업을 위해 함께 노력하고 호흡을 맞추는 바로 그런 팀 말이다.

프랜시스 태번에 모였던 워싱턴 장군 휘하의 리더들은 바로 그런 일을 해냈다. 그들은 다시 무수한 팀을 만들어냈다. 그들은 세계에서 가장 강력한 육군, 세계 최강의 제국과 맞서 싸웠고 결국 승리했다. 7년간의 전쟁을 통해 그들은 역사를 바꿔놓았다. 그들의 성과는 불가능이나 다름없는 확률과 싸워서 이긴 결과일 뿐 아니라, 워싱턴에게는 3분의 1의 국민, 대륙회의, 일부 장교의 반대에도 불구하고 이루어낸 것이기에 의미가 더 크다. 그들은 롱아일랜드 전투와 밸리포지 전투 등 상상할 수 있는 가장 어려운 상황을 함께 이겨

냈고 승리했으며 그 여세를 몰아 요크타운 전투에서 "세상을 바꾸었다".

프랜시스 태번에 모였을 때 원래 멤버 중 죽거나, 포로가 되거나, 병상에 있던 사람들은 함께할 수 없었다. 워싱턴 장군이 그날의 상황을 연출한 것은 거기 모인 사람들 가운데 비교적 새로운 이들이 있었기 때문이다. 똑같이 푸른 제복을 입어서 서로 같아 보였지만, 처음부터 그들을 아는 사람이라면 얼마나 다양한 출신과 배경으로 구성되었는지 놀라지 않을 수 없다.

그곳에는 남부 출신의 귀족, 뉴잉글랜드 상인, 대학생, 알렉산더 해밀턴과 폰스튜벤von Steuben 백작 같은 이민자 등 온갖 유형의 사람들이 있었다. 워싱턴의 직속 부하 장교들만 해도 촌뜨기에 욕쟁이인 댄 모건Dan Morgan, 성실한 서적 판매상 출신의 헨리 녹스, 퀘이커 교도인 너대니얼 그린, 프랑스 귀족 라파예트Marquis de Lafayette 등 다양하기 그지없다.

이런 다양한 종류의 사람들을 이끌고 당시 세계 최정예 영국 군대에 맞서 승리를 거뒀다는 것은 동시대 사람들이 보기에는 기적으로밖에 설명되지 않는다. 워싱턴은 휘하의 장교들에게 권한을 부여하여 맡은 바 역할을 수행하게 했고, 최후에는 버지니아 주에서 승리의 종지부를 찍었다. 이 모든 과정에서 부대원들의 목숨과 혁명군의 이익을 지키기 위해 제멋대로인 의회와 맞서고, 전략적 파트너였던 프랑스 해군의 요구에 대응했고, 적군의 동향과 관련한 첩보를 파악하기 위한 정보 기구를 만들었으며, 자신을 부하들보다 더 많은 위험에 노출하기도 했다. 다른 사람들이 모호한 입장을 취할 때도 워싱턴은 항상 옳다고 생각하는 것을 확실히 지켰고, 꼭 필요한 상황에서는 불같이 화를 내며 그 어떤 위대한 리더 못지않은 모습을 보여주었다.

그리고 프랜시스 태번 모임에서 모든 것을 완벽하게 마무리했다. 워싱턴 팀은 약속을 지켰다. 새롭게 태어날 미합중국 국민에게 가장 중요한 약속을 지키기 위해 떠날 채비를 했다. 팀원 중 하나인 녹스 장군은 이미 워싱턴의 재가를 받아 킨키나투스 소사이어티the Society of Cincinnatus라는 기념 모임을 만들었다. 이 모임은 200년 이상 지속되고 있다.

이들 팀원 대부분은 죽을 때까지 관계를 지속해나갔다. 그들이 함께 이룬 업적은 영구히 자축할 만한 가치가 있다. 그뿐 아니라 직속 상사의 사무실이나 집을 방문하기도 했다. 그 행사로부터 6년 후, 워싱턴 장군은 미국 대통령으로서 당시 팀원 상당수를 각료로 등용했다. 녹스 장군은 국방장관, 해밀턴은 재무장관에 임명했다.

워싱턴은 대통령으로서도 위대한 업적들을 남겼고, 각료들은 무한한 충성심을 보였다. 워싱턴이 정치에서 은퇴한 후 일부 각료는 각자의 길을 걸으며 경쟁하는 모습을 보였지만, 워싱턴과 그가 남긴 업적에 대한 충성심만은 변치 않았다. 이런 충성심은 다음 세대까지도 지속되었다.

성공 사례를 모으고 공유하는 데 유난히 집착하는 오늘날에도 프랜시스 태번 사례는 위대하고 성공적인 팀의 훌륭한 사례로 손색없다. 하지만 잊지 말아야 할 것은 그 팀조차도 완벽함과는 거리가 멀었다는 것이다. 이긴 것보다 진 전투가 많았고, 지휘관의 경험 부족으로 부대가 몰살당할 뻔한 적도 몇 번이나 되었으며, 반역자도 한 명(베네딕트 아놀드Benedict Arnold) 또는 두 명(찰스 리Charles Lee를 포함할 경우) 있었다. 독립혁명군의 수뇌부는 몇 번이나 파산, 체포, 투옥, 처형의 위협을 겪었다.

이런 어려움에도 불구하고 팀은 결국 승리했다. 그리고 어떻게 승리하는지를 배웠다. 승리는 너무도 완벽하고 탁월해서 역사의 선례로 남았다.

독립혁명기 미국은 위대한 자생적 리더를 많이 갖는 행운을 누렸다. 하지만 21세기에는 더 이상 행운에 의존할 필요가 없다. 다른 나라도 마찬가지다. 수십 년의 성공 사례에서 충분히 배울 수 있다. 우리는 필요한 팀 규모와 유형을 얼마든지 결정할 수 있다. 그리고 성공적 팀의 비밀을 파헤치는 심리학, 사회학, 인류학 분야의 경험적 연구 결과가 수없이 많다. 이제 몇 년만 있으면 디지털 기술의 힘을 활용해 최적의 팀원을 선발할 수도 있을 것이다.

팀의 생애주기를 이해하고, 단계별 팀에 대한 견본을 갖게 되었다. 이를 통해 팀을 단계별로 어떻게 이끌어갈 것인지, 다음 단계로의 변화 관리를 어떻게 할 것인지에 대한 아이디어도 가졌다.

내가 속한 팀이 꼭 세상을 바꾼다는 보장은 없다. 하지만 세상을 좀 더 나은 곳으로 만들고, 조직의 성공과 안정화에 기여하며, 나와 팀원들이 좀 더 만족스럽고 보람된 경력을 쌓게 만들 수는 있다. 물론 팀의 성공이 기본이다. 팀은 천재를 이긴다. 천재적인 팀을 만들고 그 일원이 되어야 한다.

모든 팀이 위대한 결과를 만들어내는 것은 아니지만 어떤 팀이라도 위대해질 수 있다. 1783년의 프랜시스 태번은 아니라도 팀의 성공을 자축하는 파티에서 팀원들을 만나, 눈물을 글썽이며 '계속 연락하고 지내자'고 인사할 수 있다면 어떨까? 그 순간 우리는 지난 몇 개월 또는 몇 년의 인생을 정말 잘 살았다고 생각할 수 있다. 누가 이것을 마다하겠는가?

Notes

1장

1. Plesu, A. October 10, 2005. "How Big Is the Internet?" Softpedia.com, http://news. softpedia.com/news/How-Big-Is-the-Internet-10177.shtml

2. Internet World Stats. 2014. "Internet Usage Statistics," www.internetwordstats.com/stats. html

3. Value of the Web, www.valueoftheweb.com/

4. Karlgaard, R. "Are You Maneuverable?" Forbes, November 3, 2014, http://www.forbes. com/sites/richkarlgaard/2014/10/15/are-you-maneuverable/.

2장

1. Heathfield, S. M. "What Team Size Is Optimum for Performance?" About.com, http://humanresources.about.com/od/teambuildingfaqs/f/optimum-team-size. html

2. Hasrati, V. 2007. "Is Five the Optimal Team Size?" InfoQ.com, www.infoq.com/ news/2007/11/team-growth-and-productivity.

3. Parkinson, C. N. 1955. "Parkinson's Law." Economist, www.economist.com/ node/14115121.

4. Ibid.

5. Ibid.

6. Hayes, T., and Malone, M. S. 2009. No Size Fits All. New York: Portfolio, pp 30-31.

7. Bennett, D. January 10, 2013. "The Dunbar Number, from the Guru of Social Networks." Bloomberg BusinessWeek, www.businessweek.com/ articles/2013-01-10/the-dunbar-number-from-the-guru-of-social-networks#p1.

8. Dunbar, R. 2010. How Many Friends Does One Person Need? Cambridge, MA: Harvard University Press, p. 33.

9. Snowden, D. December 10, 2006. "$\log(N) = 0.032 + 3.389 \log(CR)$ (1)

(r2=0.764, t34=10.35, p<0.001)." Cognitive-edge.com, http://cognitive-edge.
com/blog/entry/4403/logn-0.093-3.389-logcr-1-r20.764-t3410.35-p0.001/.

10. Coutu, D. "Why Teams Don't Work." May 2009. Harvard Business Review,
http://hbr.org/2009/05/why-teams-dont-work.

11. Ibid.

3장

1. Wolpert, D., and Frith, C. 2004. The Neuroscience of Social Interactions:
Decoding, Influencing, and Imitating the Actions of Others. Oxford: Oxford
University Press.

2. Clarke, D. D., and Sokoloff, L. 1999. "Circulation and energy metabolism." In
G. J. Siegel, B. W. Agranoff, R. W. Albers, S. K. Fisher, and M. D. Uhler (eds.),
Basic Neurochemistry: Molecular, Cellular and Medical Aspects. Philadelphia:
Lippincott-Raven, pp. 637-70.

3. McNally, L., Brown, S. P. and Jackson, A. L. 2012. "Cooperation and the
evolution of intelligence." Proceedings of the Royal Society B 279(1740), pp.
3027-34.

4. Hill, K. R., Walker, R. S., Božičević, M., Eder, J., Headland, T., Hewlett, B.,
Hurtado, A. M., Marlowe, F., Wiessner, P., and Wood, B. 2011. "Coresidence
patters in hunter-gatherer societies show unique human social structure."
Science 331, pp. 1286-89.

5. Dean, L. G., Kendal, R. L., Schapiro, S. J., Thierry, B., and Laland, K. N. 2012.
"Identification of the social and cognitive processes underlying human
cumulative culture." Science 335(6072), pp. 1114-18.

6. Rand, D. G., Greene, J. D., and Nowak, M. A. 2012. "Spontaneous giving and
calculated greed." Nature 489, pp. 427-30.

7. Fehr, E., and Fischbacher, U. 2004. "Social norms and human cooperation."
Trends in Cognitive Sciences 8(4), pp. 185-90.

8. Cialdini, R. B., and Trost. M. R. 1998. "Social influence: social norms, conformity,
and compliance." In D. T. Gilbert, S. T. Fiske, G. Lindzey (eds), The Handbook

of Social Psychology. New York: McGraw-Hill. 4th ed, pp. 151-92.

9. Gurven, M. 2004. "Reciprocal altruism and food sharing decisions among Hiwi and Ache hunter/gatherers." Behavioral Ecology and Sociobiology 56(4), pp. 366-80.

Henrich, J. 2004. "Cultural group selection, coevolutionary processes and large-scale cooperation." Journal of Economic Behavior and Organization 53(1), pp. 3-35.

Sober, E., and Wilson, D. S. 1998. Unto Others: The Evolution and Psychology of Unselfish Behavior. Cambridge, MA: Harvard University Press.

10. Henrich, J. "Cultural group selection, coevolutionary processes and large-scale cooperation."

Henrich, J., Boyd, R., Bowles, S., and Camerer, C. 2001. "In search of homo economicus: behavioral experiments in 15 small-scale societies." American Economic Reviews 91(2), pp. 73-79.

Henrich, J., Boyd, R., Bowles, S., Camerer, C., Fehr, E, et al. 2005. "'Economic man' in cross-cultural perspective: behavioral experiments in 15 small-scale societies." Behavioral and Brain Sciences 28(6), pp. 795-815.

Henrich, J., Boyd, R., Bowles, S., Camerer, C. F., Fehr, E., and Gintis, H. 2004. Foundations of Human Sociality: Economic Experiments and Ethnographic Evidence from Fifteen Small-Scale Societies. Oxford: Oxford University Press.

Henrich, J., McElreath, R., Barr, A., Ensminger, J., Barrett, C., et al. 2006. "Costly punishment across human societies." Science 312, pp. 1767-70.

11. McNeill, W. H. 1995. Keeping Together in Time. Cambridge, MA: Harvard University Press.

12. Néda, Z., Ravasz, E., Brechet, Y., Vicsek, T., and Barabasi, A. L. 2000a. "The sound of many hands clapping – Tumultuous applause can transform itself into waves of synchronized clapping." Nature 403, pp. 849-850.

Néda, Z., Ravasz, E., Vicsek, T., Brechet, Y., and Barabasi, A. L. 2000b. "Physics of the rhythmic applause." Physical Review E 61, pp. 6987-6992.

13. Oullier O., de Guzman G. C., Jantzen K. J., Lagarde J. and Kelso J. A. S. 2008. "Social coordination dynamics: Measuring human bonding." Social

Neuroscience 3 (2), pp. 178-192.

14. Insel, T. R., and Fernald, R. D. 2004. "How the brain processes social information: Searching for the social brain." Annual Review of Neuroscience 27, pp. 697-722.

15. Dunbar, R. "The social brain hypothesis."

16. Grist, M. 2009. Changing the Subject: How New Ways of Thinking about Human Behavior Might Change Politics, Policy and Practice. London, UK: Royal Society of Arts.

17. Norman G. J., Hawkley L.C., Cole S.W., Berntson G. G., and Cacioppo J.T. 2012. "Social neuroscience: The social brain, oxytocin, and health." Social Neuroscience 7(1), pp. 18-29.

18. Carter, C. S. 1998. "Neuroendocrine perspectives on social attachment and love." Psychoneuroendocrinology 23(8), pp. 779–818.
Ross, H. E., Freeman, S. M., Spiegel, L. L., Ren, X., Terwilliger, E. F., and Young, L. J. 2009. "Variation in oxytocin receptor density in the nucleus accumbens has differential effects on affiliative behaviors in monogamous and polygamous voles." Journal of Neuroscience 29(5), pp. 1312–1318.
Williams, J. R., Insel, T. R., Harbaugh, C. R., and Carter, C. S. 1994. "Oxytocin administered centrally facilitates formation of a partner preference in female prairie voles (Microtus ochrogaster)." Journal of Neuroendocrinology 6(3), pp. 247–250.

19. Norman G. J., et al. "Social neuroscience: The social brain, oxytocin, and health."

20. Witt, D. M., Winslow, J. T., and Insel, T. R. 1992. "Enhanced social interactions in rats following chronic, centrally infused oxytocin." Pharmacology, Biochemistry, and Behavior 43(3), pp. 855–861.
Di Simplicio, M., Massey-Chase, R., Cowen, P. J., and Harmer, C. J. 2009. "Oxytocin enhances processing of positive versus negative emotional information in healthy male volunteers." Journal of Psychopharmacology 23, pp. 241–248.
Guastella, A. J., Mitchell, P. B., and Mathews, F. 2008. "Oxytocin enhances the

encoding of positive social memories in humans." Biological Psychiatry 64, pp. 256 – 258.

De Dreu, C. K. W., Greer, L. L., Handgraaf, M. J. J., Shalvi, S., Van Kleef, G. A., et al. 2010. "The neuropeptide oxytocin regulates parochial altruism in intergroup conflict among humans." Science 328, pp. 1408 – 11.

Kosfeld, M., Heinrichs, M., Zak, P. J., Fischbacher, U., Fehr, E. 2005. "Oxytocin increases trust in humans." Nature 435, pp. 673 – 76.

21. De Dreu, C. K. W., Greer, L. L., Van Kleef, G. A., Shalvi, S., and Handgraaf, M. J. J. 2011. "Oxytocin promotes human ethnocentrism." Proceedings of National Academy of Science of the United States 108(4), pp. 1262 – 66.

22. Penner, L. A., Dovidio, J. F., Piliavin, J. A., Schroeder, D. A. 2005. "Prosocial behavior: multilevel perspectives." Annual Review of Psychology 56(1), pp. 365 – 92.

De Waal, F. B. M. 2008. "Putting the altruism back into altruism: the evolution of empathy." Annual Review of Psychology 59, pp. 279 – 300.

23. Decety, J., and Svetlova, M. 2012. "Putting together phylogenetic and ontogenetic perspectives on empathy." Developmental Cognitive Neuroscience 2(1): pp. 1 – 24.

Panksepp, J. 2007. "The neuroevolutionary and neuroaffective psychobiology of the prosocial brain." In R. I. M. Dunbar and L. Barrett (eds.). The Oxford Handbook of Evolutionary Psychology. Oxford: Oxford University Press. pp. 145 – 62.

24. Donaldson, Z. R., and Young, L. J. 2008. "Oxytocin, vasopressin, and the neurogenetics of sociality." Science 322, pp. 900 – 4.

25. Schneiderman, I., Zagoory-Sharon, O., Leckman, J. F., and Feldman, R. 2012. "Oxytocin during the initial stages of romantic attachment: relations to couples' interactive reciprocity." Psychoneuroendocrinology 37(8), pp. 1277 – 85.

26. Kosfeld, M., at al. 2005. "Oxytocin increases trust in humans."

De Dreu, et al. "The neuropeptide oxytocin regulates parochial altruism in intergroup conflict among humans."

De Dreu, C. K., et al. "Oxytocin promotes human ethnocentrism."

27. Norman, G. J., et al. "Social neuroscience: The social brain, oxytocin, and health."

28. Meinlschmidt, G., and Heim, C. 2007. "Sensitivity to intranasal oxytocin in adult men with early parental separation." Biological Psychiatry 61(9), pp. 1109 – 1111.

29. O'Gormon, R., Sheldon, K.M., and Wilson, D.S. 2008. "For the good of the group? Exploring group-level evolutionary adaptations using multilevel selection theory." Group Dynamics: Theory, Research, and Practice 12(1), pp. 17-26.

30. Barry, A. M. 2009. "Mirror Neurons: How We Become What We See." Visual Communication Quarterly 16(2), pp. 79-89.

31 Rizzolatti, G. 2005. "The Mirror Neuron System and its Function in Humans." Anatomocal Embryology 210, pp. 419-421.

32. Rizzolatti, G., and Craighero, L. 2004. "The Mirror-Neuron System." Annual Review of Neuroscience 27, pp. 169-192.

33. Goleman, D. 2006. Social Intelligence: The New Science of Human Relationships. New York: Bantam Books.

34. Goleman, D., and Boyatzis, R. 2008. "Social intelligence and the biology of leadership." Harvard Business Review 86(9), pp. 74-81.

35. Ibid.

36. Ibid.
    Sala F. 2003. "Laughing all the way to the bank." Harvard Business Review, pp. 16-17.

37. Clouse, R.W., and Spurgeon, K. L. 1995. "Corporate Analysis of Humor." Psychology: A Journal of Human Behavior 32, pp. 1-24.

38. Bettinghaus, E., and Cody, M. 1994. Persuasive communication. Fort Worth, TX: Harcourt Brace College Publishers. 5th ed.
    Foot, H. 1997. "Humor and laughter." In O. Hargie (ed.). The Handbook of Communication Skills. London: Routledge. 2nd ed.

39. Vissera, V.A., van Knippenberga, D., van Kleef, G.A., and Wissec, B. "How leader displays of happiness and sadness influence follower performance:

Emotional contagion and creative versus analytical performance." Leadership
Quarterly 24(1), pp. 172–188.

40. Barsade, S. G., and Gibson, D. E. 2007. "Why does affect matter in
organizations?" Academy of Management Perspectives 21, pp. 36-59.

41. Dasborough, M.T. 2006. "Cognitive asymmetry in employee emotional
reactions to leadership behaviors." Leadership Quarterly 79, pp. 163-178.

42. Hatfield, E., Cacioppo, J. T., and Rapson, R. L. 1993. "Emotional contagion."
Current Directions in Psychological Science 2(3), pp. 96–99.
Christakis, N. A., and Fowler, J. H. 2009. Connected: The Surprising Power of
Our Social Networks and How They Shape Our Lives. New York: Little, Brown.

43. Algoe, S. B., and Haidt, J. 2009. "Witnessing excellence in action: the "other-
praising" emotions of elevation, gratitude, and admiration." Journal of Positive
Psychology 4(2), pp. 105–27.
Schnall, S., Roper, J., and Fessler, D. M. 2010. "Elevation leads to altruistic
behavior." Psychologycal Science 21(3), pp. 315–20.
Schnall, S., and Roper, J. 2012. "Elevation puts moral values into action." Social
Psychological Personality Science 3(3), pp. 373–78.

44. Jonas, E., Martens, A., Kayser, D. N., Fritsche, I., Sullivan, D., and Greenberg, J.
2008. "Focus theory of normative conduct and Terror-Management Theory:
the interactive impact of mortality salience and norm salience on social
judgment." Journal of Personality and Social Psychology 95(6), pp. 1239–51.

45. Krupka, E., and Weber, R. A. 2009. "The focusing and informational effects of
norms on pro-social behavior." Journal of Economic Psychology 30(3), pp.
307–20.

46. Algoe, S. B., Haidt, J., and Gable, S. L. 2008. "Beyond reciprocity: gratitude and
relationships in everyday life." Emotion 8(3), pp. 425–29.

47. Grant, A.M., and Gino, F. 2010. "A little thanks goes a long way: explaining why
gratitude expressions motivate prosocial behavior." Journal of Personality and
Social Psychology 98(6), pp. 946–55.

48. Rolls, E. T., O' Doherty, J., Kringelbach, M. L., Francis, S., Bowtell, R., McGlone,
F. 2003. "Representations of pleasant and painful touch in the human

orbitofrontal and cingulate cortices." Cerebral Cortex 13(3), pp. 308 – 17.

Holt-Lunstad, J., Birmingham, W. A., and Light, K. C. 2008. "Influence of a 'warm touch' support enhancement intervention among married couples on ambulatory blood pressure, oxytocin, alpha amylase, and cortisol." Psychosomastic Medicine 70(9), pp. 976 – 85.

Hansen, A. L, Johnsen, B. H., Thayer, J. F. 2003. "Vagal influence on working memory and attention." International Journal of Psychophysiology 48(3), pp. 263 – 74.

49. Kraus, M. W., Huang, C., Keltner, D. 2010. "Tactile communication, cooperation, and performance: an ethological study of the NBA." Emotion 10(5), pp. 745 – 49.

Kurzban, R. 2001. "The social psychophysics of cooperation: nonverbal communication in a public goods game." Journal of Nonverbal Behavior 25(4), pp. 241 – 59.

50. Craik, K. H. 2009. Reputation: A Network Interpretation. New York: Oxford Univ. Press.

51. Anderson, C., John, O. P., Keltner, D., Kring, A. M. 2001. "Who attains social status? Effects of personality and physical attractiveness in social groups." Journal of Personality and Social Psychology 81(1), pp. 116 – 32.

Anderson, C., Shirako, A. 2008. "Are individuals' reputations related to their history of behavior?" Journal of Personality and Social Psychology 94(2), pp. 320 – 33.

52. Milinski, M., Semmann, D., and Krambeck, H-J. 2002. "Reputation helps solve the 'tragedy of the commons.'" Nature 415, pp. 424 – 26.

53. Holt-Lunstad, J., Smith, T. B., and Layton, J. B. 2010. "Social relationships and mortality risk: A meta-analytic review." PLoS Medicine 7(7), e1000316.

54. Cacioppo, J. T., Hawkley, L. C., Crawford, L. E., Ernst, J. M., Burleson, M. H., Kowalewski, R. B., et al. 2002. "Loneliness and health: Potential mechanisms." Psychosomatic Medicine 64(3), pp. 407 – 417.

55. Cohen, S., Doyle, W. J., Skoner, D. P., Rabin, B. S., and Gwaltney, J. M., Jr. 1997. "Social ties and susceptibility to the common cold." Journal of the

American Medical Association 277(24), pp. 1940 – 1944.

Pressman, S. D., Cohen, S., Miller, G. E., Barkin, A., Rabin, B. S., and Treanor, J. J. 2005. "Loneliness, social network size, and immune response to influenza vaccination in college freshmen." Health Psychology 24(3), pp. 297 – 306.

56. Schultze, T., Mojzisch, A., and Schulz-Hardt, S. 2012. "Why groups perform better than individuals at quantitative judgment tasks: Group-to-individual transfer as an alternative to differential weighting." Organizational Behavior and Human Decision Processes 118, pp. 24 – 36.

57. Howe, C. 2009. "Collaborative group work in middle childhood: Joint construction, unresolved contradiction and the growth of knowledge." Human Development 52, pp. 215 – 219.

Howe, C. 2010. Peer Groups and Children's Development. Oxford: Wiley-Blackwell.

58. Ibid.

59. Pentland, A. 2012. "The new science of building great teams." Harvard Business Review 90(4), pp. 60-68, 70.

60. Will, U., and Berg, E. 2007. "Brain Wave Synchronization and Entrainment to Periodic Acoustic Stimuli." Neuroscience Letters 424, pp. 55-60.

61. Stevens, R. H., Galloway, T., Berka, C., and Sprang, M. 2009. "Neurophysiologic Collaboration Patterns During Team Problem Solving." Proceedings: HFES 53rd Annual Meeting, October 19-23, 2009, San Antonio, TX.

Stevens, R., Galloway, T., Berka, C., and Behneman, A. 2010. "Identification and application of neurophysiologic synchronies for studying team behavior." In Proceedings of the 19th Conference on Behavior Representation in Modeling and Simulation, pp. 21-28.

Stevens, R. H., Galloway, T., Wang, P., Berka, C., Tan, V., Wohlgemuth, T., Lamb, J., and Buckles, R. 2013a. "Modeling the neurodynamic complexity of submarine navigation teams." Computational and Mathematical Organization Theory 19(3), pp. 346-369.

62. Stevens, R.H., Galloway, T., Campbell, G., Berka, C., and Balthazard, P. 2013b. "How tasks help shape the neurodynamic rhythms and organizations of

teams." Foundations of Augmented Cognition Lecture Notes in Computer Science 8027, pp. 199-208.

4장

1. Masuda, T., and Nisbett, R. E. 2001. "Attending holistically vs. analytically: Comparing the context Sensitivity of Japanese and Americans." Journal of Personality and Social Psychology 81, pp. 922-934.

2. Weiss, H. M. and Shaw, J. B. 1979. "Social influences on judgments about tasks." Organizational Behavior and Human Performance 24(1), pp. 126-140.

3. Miron-Spektor, E., Erez, M., and Naveh, E. 2012. "To drive creativity, add some conformity." Harvard Business Review 90(3), pp. 30.

4. 우리는 좌뇌형 또는 우뇌형 인간을 말 그대로 해석하지 않는다. 2013년 미국 유타 대학교 신경과학 전문가인 제프 앤더슨(Jeff Anderson) 박사가 이끄는 연구팀은 2년여 동안 1000여 명의 다양한 뇌 활동을 기능적 자기공명영상(fMRI)으로 분석했다. 그 결과 한쪽 뇌만 더 많이 쓰는 경우는 없음을 밝혀냈다. 따라서 우리는 뇌의 특정 영역이 아니라 성격 유형에 대해 말하고 있는 것은 아닐까? 물론 시간이 지나면 다른 결과가 나올 수도 있지만, 사람이 창의적 유형과 논리적인 유형으로 나뉜다는 사실만은 분명해 보인다.

5. Leonard, D. A., and Straus, S. 1997. "Putting your Company's Whole Brain to Work." Harvard Business Review 75(4), pp. 110 - 122.

6. Ibid.

7. Hackman, J. R. 2002. Leading teams: Setting the stage for great performances. Boston: HBS Press. Hackman, J. R. and Wageman, R. 2005. "When and how team leaders matter." Research in Organizational Behavior 26, pp. 37 - 74.

8. Uzzi B., Mukherjee S., Stringer M., Jones, B. 2013. "Atypical Combinations and Scientific Impact." Science 342(6157), pp. 468-72.

9. Williams, K. Y., and O'Reilly, C. A. 1998. "Demography and diversity in organizations." Research in Organizational Behavior 20, pp. 77-140.

10. Milliken, F. J., and Martins, L. L. 1996. "Searching for common threads: Understanding the multiple effects of diversity in organizational groups." Academy of Management Review 21(2), pp. 402-433.

Williams, K. Y., and O'Reilly, C. A, 1998. "Demography and diversity in organizations." Research in Organizational Behavior 20, pp. 77-140.

11. Cox, T. H. 1993. Cultural Diversity in Organization: Theory Research and Practice. San Francisco: Berrett-Koehler Publishing.

Ibarra, Herminia. June 1995. "Race, opportunity, and diversity of social circles in managerial networks." The Academy of Management Journal 38(3), pp. 673-703.

Martin, J., and Pettigrew, T. 1989. "Shaping the organizational context for minority inclusion." Journal of Social Issues 43, pp. 41-78.

12. Gladstein, D. L. 1984. "A model of task group effectiveness." Administrative Science Quarterly 29(4), pp. 499-517.

Jehn, K. A. 1995. "A multi-method examination of the benefits and detriments of intragroup conflict." Administrative Science Quarterly 40(2), pp. 256-82.

Jehn, K. A., Northcraft, G. B., and Neale, M. A. 1999. "Why difference make a difference: A field study of diversity, conflict, and performance in workgroups." Administrative Science Quarterly 44(4), pp. 741-63.

13. Moreland, R. L., and Myaskovsky, L. 2000. "Exploring the performance benefits of group training: Transactive memory or improved communication?" Organizational Behavior and Human Decision Processes 82(1), pp. 117-133.

Newell, A., and Rosenbloom, P. 1981. "Mechanisms of skill acquisition and the power law of practice." In J. Anderson (ed.), Cognitive Skills and Their Acquisition. Hillsdale, NJ: Erlbaum, pp. 1-55.

Wegner, D. M. 1986. "Transactive memory: A contemporary analysis of the group mind." In G. Mullen and G. Goethals (eds.), Theories of Group Behavior. New York: Springer-Verlag, pp. 185-208.

14. Haleblian, J., and Finkelstein, S. 1993. "Top management team size, CEO Dominance, and firm performance: The moderating roles of environmental turbulence and discretion." Academy of Management Journal 36(4), pp. 844-863.

Reagans, R., and Zuckerman, E. W. 2001. "Networks, diversity, and productivity: The social capital of corporate R&D teams." Organization Science

12(4), pp. 502 – 517.

15. Moreland, R. L., Levine, J. M., and Wingert, M. L. 1996. "Creating the ideal group: Composition effects at work." In E. H. Witte and J. H. Davis (eds.). Understanding Group Behavior: Small Group Processes and Interpersonal Relations. Volume 2. Mahwah, NJ: Erlbaum. pp. 11 – 35.

16. Bray, R. M., Kerr, N. L., and Atkin, R. S. 1978. "Effects of group size, problem difficulty, and sex on group performance and member reactions." Journal of Personality and Social Psychology 36(11), pp. 1224 – 40.

17. Hoegl, M. 2005. "Smaller teams—better teamwork: How to keep project teams small." Business Horizons 48, pp. 209 – 214.

18. Zenger, T.R., and Lawrence, B.S. 1989. "Organizational demography: The differential effects of age and tenure distributions on technical communication." Academy of Management Journal 32(2), pp. 353-376

19. Brooks, F. 1975. The Mythical Man – Month: Essays on Software Engineering. New York: Addison-Wesley.
    Chen, G. 2005. "Newcomer adaptation in teams: Multilevel antecedents and outcomes." Academy of Management Journal 48(1), pp. 101 – 16.

20. Kravitz, D. A., and Martin, B. 1986. "Ringelmann rediscovered: The original article." Journal of Personality and Social Psychology 50(5), pp. 936 – 41.

21. Wageman, R., and Gordon, D. 2005. "As the twig is bent: How group values shape emergent task interdependence in groups." Organization Science 16, pp. 687-700.

22. Wageman, R. 1995. "Interdependence and Group Effectiveness." Administrative Science Quarterly 40(1), pp. 145-80.

23. Ginnett, R. 1990. "Airline cockpit crew." In J. R. Hackman (ed.), Groups That Work (And Those That Don't). San Francisco: CA: Jossey-Bass.
    Ginnett, R. 1993. "Crews as groups: Their formation and their leadership." In E.Wiener, B. Kanki, and R. Helmreich (eds.), Cockpit Resource Management. San Diego, CA: Academic Press, pp. 71-98.

24. Hackman, J. R. 2002. Leading Teams: Setting the Stage for Great Performances. Boston: HBS Press.

25. Ibid.

5장

1. 현대 사회에 미친 영향이라는 관점에서 보면, 미국 서부 지역 대학에서 최초로 스탠퍼드 대학에 전기공학 과정을 개설한 프레드릭 터먼(Frederick Terman Jr.)만큼 "완벽한 페어 팀"을 찾고 키우는 데 뛰어난 사람은 없었다. 터먼의 아버지는 스탠퍼드 대학의 총장이었다. 터먼이 만든 연구소를 거쳐 간 수많은 학생들이 전자산업을 일구어냈고, 그 과정에서 터먼이 최초의 산업단지 형성에 기여했기 때문에 '실리콘밸리의 아버지'로 추앙받는다.

하지만 터먼이 쌍둥이 페어 두 팀을 탄생시키는 데 도움을 주었다는 사실은 잘 알려져 있지 않다. 이 두 팀은 성격이 다소 다르다. 둘 중 더 유명한 쪽은 당연히 빌 휴렛과 데이비드 팩커드다. 두 사람은 마주칠 기회가 여러 번 있었지만 처음으로 만난 것은 터먼의 연구소에서였다. 두 사람이 함께 일해보라고 권한 것도 터먼이었고, 그 계기로 두 사람은 바로 그 유명한 팩커드의 차고에서 창업했던 것이다. 터먼은 또한 두 사람의 비즈니스를 위해 직원을 소개하고, 고객과 계약을 연결해주었을 뿐 아니라, 두 사람의 경영 능력이 충분한 수준에 올라올 때까지 비즈니스 자문도 해주었다.

빌과 데이브가 만든 회사는 그 후 역사상 가장 위대한 기업 중 하나로 인정받는다. 하지만 두 사람 사이의 상상을 뛰어넘는 우정에 대해서는 별로 알려지지 않았다. 테이블을 내려치며 호통치는 스타일의 데이브와 온화한 성격의 빌은 60년에 가까운 세월 동안 싸움은 고사하고 말다툼조차 하는 법이 없어 보였다. 두 사람은 매일같이 함께 일했을 뿐만 아니라 두 사람의 가족은 종종 함께 휴가를 떠날 정도로 친밀했다. 역사적으로 가장 빨리 성장하고 가장 혁신적인 기술 기업 중 하나를 키우는 스트레스에도 불구하고 말이다.

터먼의 연구소가 배출해낸 또 다른 쌍둥이 페어 팀은 바로 바리언 형제(Varian Brothers)다. 1930년대 중반부터 연구소 활동을 함께한 이들은 휴렛-팩커드의 경우보다 더 의외다. 이 두 사람은 피를 나눈 형제임에도 불구하고 주변 사람들이 그 사실을 아는 경우가 거의 없었을 정도였다. 형인 러셀 바리언(Russell Varian)은 큰 체구와 각진 턱에 불구하고 부드러운 성격이었고, 동생 시거드 바리언(Sigurd Varian)은 작은 체구에 미남형이고 침착하고 느긋한 성격이었다. 둘의 부모는 아일랜드계 신지학자(神智學者)였고, 형제는 캘리포니아 할시온의 유토피아 커뮤니티에서 자랐다. 어려서 이들은 모형 비행기를 직접 만들어 날렸고, 대학을 중퇴한 시거드는 팬암항공의 파일럿으로서 남미 항로를 개척하기도 했다. 러셀은 좀 다른 경력을 쌓았다. 새롭게 떠오르던 전자 분야에 흥미를 가졌던 그는 스탠퍼드에 입학했다. 가정 형편이 어려웠기 때문에 그는 걸어서 학교를 다녔고, 터먼 밑에서 공부할 때 학교 나무에서 과일을 따 먹고 연명할 때도 종종 있었다. 박사 과정 시험에서 떨어진 후 러셀은 기업에 취직했다.

클라이스트론 튜브(klystron tube)라고 하는 새로운 종류의 극초단파 장치에 대한 아이디어를 먼저 낸 것은 의외로 시거드였다. 거기에는 그럴 만한 이유가 있었다. 파일럿으로서 그는 산맥을 늦지대로 혼동하기 쉽게 표시된 기존 항공 지도 때문에 골치 아파 했는데, 야간이나 악천후에도 항로를 잘 확인할 방법이 있었으면 했던 것이다. 아무튼 이 아이디어 덕분에 러셀의 동창(이미 모교의 교수)은 러셀에게 스탠퍼드로 돌아와 클라이스트론을 연구하라고 초청했다. 이렇게 두 사람은 함께 클라이스트론을 연구하게 된 것이다.

향후 발생할 로열티의 절반을 나누는 조건으로 이들 형제는 터먼의 사무실 인근에 물리학 연구실을 제공받았다. 그 후 수개월간 형제는 정말이지 밤낮없이 연구에 몰두했다. 서로 판이하게 다르고 다른 삶을 살아온 두 형제는 일심동체와 같았고, 휴식도 거의 취하지 않았으며, 생각과 말하는 것도 거의 같아 보여서 빌 휴렛과 데이비드 팩커드 같은 방문자들이 보고 놀랄 정도였다. 공식적으로는 러셀이 디자인을, 시거드가 시제품 제작을 담당하기로 분담했지만 둘은 상대의 작업 내용에도 깊숙이 관여했다.

1937년 8월 바리언 형제는 클라이스트론 시제품을 완성하여 성공적으로 쏘아 올렸다. 이 제품은 1년 내에 스페리 자이로스코프(Sperry Gyroscope社)의 라이선스를 취득했다. 타이밍도 완벽했다. 독일의 공격을 앞두고 있었던 영국군은 전투기와 함선에 장착할 경량형 레이더 기기 개발에 목말라 있는 터였다. 이런 상황에서 바리언 클라이스트론은 완벽한 솔루션이었고 연합국의 승리에도 결정적인 기여를 했다.

제2차 세계대전이 끝난 후 바리언 형제는 바리언어소시어츠(Varian Associates社)를 설립, 클라이스트론 제품의 다양한 버전을 제조했다. 흥미롭게도 이 회사의 가장 중요한 고객 중 하나는 스탠퍼드 대학이었고, 여기서 과거 러셀의 지도교수이자 지지자였던 윌리엄 한센(William Hansen)이 수많은 클라이스트론을 만들고 선형 가속기를 개발했다. 이즈음 러셀과 시거드는 자신들의 원래 생활로 돌아가 있었다. 시거드는 기계 제조와 파일럿 활동으로 돌아갔고(그는 후일 멕시코 연안에서 충돌 사고로 사망한다), 러셀은 의학계에 한 획을 긋는 MRI 기술을 설계하는 데 합류한 것이다.

7장

1. Belbin M. 2011. "Size matters: how many make the ideal team?" Belbin.es, www.belbin.es/rte.asp?id=153&pressid=31&task=View.

9장

1. Scheer, Geroge F., and Hugh F. Rankin. 1957. Rebels and Redcoats: The American Revolution Through the Eyes of Those That Fought and Lived It. New York: World Publishing Company, p. 504.

팀이 천재를 이긴다

1+1을 10으로 만드는 팀의 힘

지은이 리치 칼가아드, 마이클 말론
옮긴이 김성남 오유리

이 책의 편집과 교정은 양은희, 출력과 인쇄 및 제본은 꽃피는 청춘의 임
형준이, 종이 공급은 대현지류의 이병로가 진행해주셨습니다. 이 책의
성공적인 발행을 위해 애써주신 다른 모든 분들께도 감사드립니다. 틔움
출판의 발행인은 장인형입니다.

초판 1쇄 발행 2017년 4월 8일
초판 4쇄 발행 2021년 3월 22일

펴낸 곳	틔움출판
출판등록	제313-2010-141호
주소	서울특별시 마포구 월드컵북로4길 77, 353
전화	02-6409-9585
팩스	0505-508-0248
홈페이지	www.tiumbooks.com

ISBN 978-89-98171-34-6 03320

이 책은 한국출판문화산업진흥원의 출판콘텐츠 창작자금을 지원받아
제작되었습니다.

잘못된 책은 구입한 곳에서 바꾸실 수 있습니다.

틔움은 책을 사랑하는 독자, 콘텐츠 창조자, 제작과 유통에 참여하고 있는 모든 파트너들과 함께 성장합니다.